W0345423

Manfred Gerland

Meine Seele erhebt den Herrn

Eine evangelische Pilgerreise zu Maria

EVANGELISCHE VERLAGSANSTALT
Leipzig

Die Deutsche Bibliothek – Bibliographische Information
Die Deutsche Bibliothek verzeichnet diese Publikation in der Deutschen Nationalbibliographie; detaillierte bibliographische Daten sind im Internet über http://dnb.ddb.de abrufbar.

© 2007 by Evangelische Verlagsanstalt GmbH, Leipzig
Printed in Germany · H 7143
Alle Rechte vorbehalten
Umschlaggestaltung: akg-images / Erich Lessing
Covermotiv: Madonna mit Kind und zwei Engeln (Ausschnitt), Filippo Lippi
Layout und Satz: Steffi Glauche, Leipzig
Druck und Binden: Druckerei zu Altenburg GmbH

ISBN 978-3-374-02457-5
www.eva-leipzig.de

Inhalt

Meiner Frau Astrid

Vorwort

Dass ein evangelischer Theologe ein Buch über Maria schreibt, mag überraschen, ist doch die Beschäftigung mit diesem Thema zunächst eine Domäne der katholischen Kirche und Theologie. Mariologie und Marienfrömmigkeit gelten evangelischen Christen eher als abseitige Themen. Der moderne Protestantismus hat keine eigene Form der Marienverehrung ausgebildet, er steht der katholischen Marienfrömmigkeit oft hilflos, fremd bis ablehnend gegenüber.

Dieses Buch will nicht zuerst einen evangelischen theologisch-systematischen Beitrag im ökumenischen Dialog bieten. Er setzt sich zwar mit vielen wichtigen theologischen Fragen und Lehrentscheidungen der Kirche über Maria – freilich in einem sehr eingeschränkten Rahmen – auseinander, will darüber hinaus aber andere Akzente setzen.

Es ist vor allem ein spirituelles Buch: Es will ein Beitrag zur Gestaltung des eigenen Glaubens sein. Dabei orientiert es sich an den Lebensstationen Marias und entfaltet diese als einen Weg des Glaubens. Der Leser wird wie bei einem Pilger- bzw. Stationsweg zu sieben Stationen aus dem Leben Marias geführt und zugleich eingeladen, seine eigenen Erfahrungen, Sehnsüchte und Hoffnungen im Spiegel des Glaubensweges Marias zu betrachten.

Mein persönlicher Zugang zu Maria kam erst relativ spät und war vor allem persönlich/biographisch vermittelt. Ich danke an dieser Stelle meinen katholischen Freundinnen und Freunden, die mir auf ganz unterschiedliche Weise Maria nahegebracht und lieb gemacht haben. Im Gespräch mit vielen vorwiegend evangelischen Teilnehmer/innen an spirituellen Seminaren im Kloster Germerode wurde das Anliegen dieses Buches immer deutlicher: Auf der Suche nach der Gestaltung des eigenen Glaubens von Maria zu lernen, was es heißt, Christus, das Wort Gottes zu empfangen, im Herzen zu bewegen, in die Welt zu tragen, in der eigenen Seele zu gebären, loszulassen und wieder neu zu empfangen.

Die Anregung zu diesem Buch verdanke ich Prof. Dr. Manfred Josuttis, der mit hilfreichen Impulsen den Entstehungsprozess begleitet hat. Ihm sei an dieser Stelle herzlich gedankt.

Herzlich danken möchte ich vor allem meiner Frau, die mir eine wichtige Gesprächs- und Gebetspartnerin bei der Entstehung dieses Buches war. Ihr soll dieses Buch gewidmet sein.

Manfred Gerland

Einleitung

Keiner anderen Person in der Geschichte der Kirche ist soviel Beachtung und Verehrung zuteil geworden wie Maria. Für unzählige Gläubige ist sie zur vorbildlichen Frau und Heiligen schlechthin geworden. In der Gemeinschaft der Heiligen hat ihr die Kirche einen Ehrenplatz im Kreise der Apostel eingeräumt. Und immer wieder waren die Gläubigen versucht, sie in einen göttlichen Rang zu erheben. Nach den Zeugnissen der Evangelien stellt sie ihr ganzes Leben in den Dienst Gottes, lässt seinen Willen geschehen und vertraut ganz und gar auf ihren Sohn Jesus, bis in den Tod hinein. Maria bietet von allen Aspekten des Menschsein und des Glaubens her Identifikationsmöglichkeiten: Sie ist demütig und mutig, sie ist glücklich über die Geburt ihres Sohnes und traurig über seinen gewaltsamen Tod. Sie teilt die Freuden und Sorgen einer Mutter und behauptet sich als Frau in einer Männergesellschaft. Sie geht den Weg des Glaubens von ihrer Berufung bis zu ihrer himmlischen Vollendung. Das Geheimnis ihrer Anziehungskraft liegt wohl nicht zuletzt darin begründet, dass sie in das christliche Gottesbild und die Spiritualität Aspekte der Mütterlichkeit und der weiblichen Wärme einbringt und dort repräsentiert.

»Maria ist nicht nur ›katholisch‹, sie ist auch ›evangelisch‹«, behauptet der Evangelische Erwachsenenkatechismus[1] und weist damit auf ein seit der Reformation bestehendes Defizit in der protestantischen Theologie und Frömmigkeit hin. Leider hat Maria über Jahrhunderte hinweg dort noch nicht einmal die Anerkennung und Würdigung bekommen, die ihr die Evangelien zukommen lassen. Immerhin ist sie in den biblischen Berichten der Mensch, der in innigster Verbindung zur Menschwerdung Gottes steht, sie ist die Mutter Jesu, der in den altkirchlichen Bekenntnissen als wahrer Mensch und wahrer Gott bekannt wird, und damit ist Maria auch Mutter Gottes zu nennen und als solche zu achten. Aber es scheint, als sei sie um so mehr von Evangelischen bewusst ignoriert und in den Hintergrund gesetzt worden, je mehr sie in der katholischen Kirche verehrt wurde. Evangelische nennen sie gern »Magd des Herrn« (Lk 1,38) und verbinden damit den Versuch einer »Erdung« Marias angesichts einer manchmal überbordenden katholischen Marienfrömmigkeit.

Evangelische Christozentrik hat in Theologie und Frömmigkeit Maria und die Heiligen in die bloße Memoria eingeschlossen. Man erinnert sich hier und da ihrer Lebensgeschichte, betrachtet diese aber als etwas Abgeschlossenes. Die Spuren des Wirkens Gottes durch den Heiligen Geist in der Lebensgeschichte Marias werden dabei bis heute nicht wirklich wahrgenommen. Die Heilsgeschichte des neuen Bundes vollzieht sich aber nun einmal durch die Hingabe und Einwilligung der Frau aus Nazareth. Ihrer zu gedenken, sie zu ehren, mit ihrer Präsenz zu rechnen, ist nur recht und billig. Ihr Leben als Weg des Glaubens zu betrachten ist zwar nicht heilsnotwendig, aber doch aufschlussreich, um den eigenen Glaubensweg zu finden und gehen zu können. Das sind die Intention und das Ziel dieses Buches.

Eine evangelische Marienfrömmigkeit braucht sich nicht auf den im ökumenischen Dialog bereits bekannten evangelischen Minimalismus und auf die »eiserne Ration« beschränken, sondern darf aus der Fülle des Evangeliums und der gemeinsamen altkirchlichen Tradition schöpfen und so ein unbefangenes Verhältnis zu Maria gewinnen. Dabei kann auch ein Blick auf die orthodoxe Marienfrömmigkeit helfen, die der römisch-katholischen sehr nahe steht. Allerdings übersteigt in der Marienfrömmigkeit der Ostkirche die anbetende Schau der göttlichen Geheimnisse die diskursive Reflexion bei weitem und öffnet die Tiefenschichten der Seele für die religiöse Erfahrung. »Auslegung des Marienglaubens findet sich deshalb weniger im lehrhaften Traktat als in liturgischen Texten und Homilien, weniger im Denken *über* Maria als im ergriffenen Lobpreis *an* Gott, an Christus wie auch an sie selbst.«[2]

In der sufistischen Tradition des Islam wird Maria als die unbefleckte Mutter verehrt, die das geistige Kind Jesus geboren hat. Sie wird oft als Symbol der Seele angesehen, die göttliche Inspiration empfängt und so vom göttlichen Licht »schwanger« wird. Moslems verehren noch heute das angebliche Grab Marias in der Nähe von Ephesus und zeigen damit, »dass die tiefe Liebe für die Jungfrau, das Modell der Reinheit, die so oft in der mystischen Dichtung genannt wird, noch immer eine lebendige Kraft in der islamischen Welt ist«.[3]

»Evangelische Annäherungen an Maria, die Mutter Jesu«[4] gelingen am besten durch möglichst unbefangene biographische Zugänge. Dabei spielen Lieder, Hymnen, Bilder, Gebete und Übungen, weniger dogmatische Verlautbarungen eine wichtige Rolle. Wenn der Gläubige irgendwann in Maria sein eigenes Wesen entdeckt und versteht, dass er wie sie Sünder ist, aber geschaffen wurde, um am Leben Gottes in dieser Welt teilzuhaben, dann kann ihm Maria in ihrem Glaubensleben zum Leitbild christlicher Existenz werden. Vielleicht wächst so aus der Freude darüber das unbefangene Lob Marias. »›Selig bist du, die du geglaubt hast!‹ sagt Elisabeth zu Maria. ‹Siehe, von nun an werden mich selig preisen alle Kindeskinder‹ antwortet Maria in ihrem Lied. Was hindert uns, das zu tun: Maria selig zu preisen? Sie, die Jesus empfangen und ausgetragen und zur Welt gebracht hat, seine Mutter. An ihr kann uns aufgehen, was es für uns bedeutet, was der Sinn unseres Lebens ist, wenn wir an ihn glauben: Auch wir sollen Jesus empfangen und austragen und zur Welt bringen. Wir sind Maria, wir können es werden, wir müssen es werden.«[5]

In sieben Kapiteln soll der Lebensweg Marias als ein Weg des Glaubens entfaltet werden. Jedes Kapitel beginnt mit der Vorstellung des jeweiligen *Marienfestes und dem darin enthaltenen Thema (I)*. Dabei wird deutlich werden, dass jedes Marienfest ein Aspekt des Geheimnisses unserer Erlösung entfaltet. Es folgt jeweils die Untersuchung des *biblischen Befundes (II)*, die für eine evangelische Auseinandersetzung mit Maria unverzichtbar ist. Stellvertretend für die Anfänge des Protestantismus wird jeweils die *Position Martin Luthers zum Thema (III)* in Kürze vorgetragen und gefragt, wo die bis heute bestehenden Gemeinsamkeiten und konfessionellen Unterschiede liegen. Unzählige *Marienbilder und -figuren (IV)* geben Zeugnis von der intensiven Verehrung der Mutter Gottes in der Geschichte der Kirche und Kunst. Sie können einen sinnlichen und meditativen Zugang eröffnen und einige Aspekte des Themas vertiefen. Schließlich geht es um die *Entwicklung und Einübung einer an Maria orientierten Spiritualität (V)*. Die die Kapitel abschließenden *spirituellen Übungen und Gebete (VI)* wollen ein Angebot und eine Hilfe zur behutsamen Einübung einer evangelischen Marienfrömmigkeit sein, die vielleicht auch zu Maria betet (das kann jede/r Leser/in nur selbst entscheiden, wo seine/ihre Grenze liegt), die aber vor allem lernt, *wie* Maria zu beten, zu hoffen, zu glauben, zu handeln und die ihr darin die Würde und Ehre zukommen lässt, die ihr entspricht. Die Übungen sind wirklich als Übungen gedacht. Lesen Sie bitte die Anleitung mehrmals durch und prägen Sie sich die einzelnen Schritte ein. Legen Sie dann das Buch aus der Hand und beginnen Sie mit der Übung.

1. Die Frau aus Nazareth

Wenn es schon unmöglich ist, ein Leben Jesu zu schreiben, da die Evangelien Nachrichten nur aus einigen Lebensjahren Jesu enthalten, so ist es gänzlich unmöglich, das Leben Marias darzustellen. Die Evangelisten beschreiben Marias Rolle in der Heilsgeschichte – an der Biographie einer außergewöhnlichen Frau sind sie nicht interessiert. Sie geben keine Auskunft über Marias Eltern, ihre Geburt, Kindheit und Jugend, nichts wird berichtet über das familiäre Milieu, in dem sie aufwuchs. An alledem waren sie nicht interessiert. Für die Erlösung der Menschheit aus Sünde und Schuld waren solche Informationen ohne Belang. Es wird in den Evangelien nichts gesagt über Vorlieben und geistige Interessen, die Maria pflegte, nichts über Gefühle und Passionen, aus denen man auf Charaktereigenschaften Marias schließen könnte, etwa ob sie eine sanftmütige oder energische Frau war. Es ist nichts darüber berichtet, welche Farbe ihre Augen und ihre Haare hatten, ob sie schön und ansehnlich war. Nicht einmal ihr Geburts- oder Todesdatum ist überliefert.

Alles das hätten die Menschen gern gewusst, aber das Buch der Bücher verschwieg vieles. So ließ fromme Neugier im Mittelalter die literarische Gattung der *Marienleben* entstehen, aus denen zu erfahren war, was die Evangelisten – absichtlich oder aus Unkenntnis – übergangen hatten. Und da staunt man nicht schlecht, was fromme Marienverehrer Jahrhunderte später alles über Maria in Erfahrung gebracht haben. Natürlich wollten sie keine Lügengeschichten erzählen, sondern einfach festhalten, was im Leben der Gottesmutter biographisch denkbar, historisch wahrscheinlich und theologisch vertretbar war.

Das Protevangelium, eine apokryphe Schrift, die erst nach 150 entstanden ist und auch nicht in den neutestamentlichen Kanon aufgenommen wurde, nennt Marias Mutter Anna und ihren Vater Joachim, beide sollen in Jerusalem gelebt haben. Ihre Ehe blieb zunächst kinderlos. Sehr ausführlich wird dort die Vorgeschichte von Marias wundervoller Geburt geschildert. Jungfräuliche Empfängnis und die vorzeitige Geburt bereits nach sieben Monaten gaben Maria den Charakter eines Wunderkindes. Bereits mit drei Jahren sei sie in den Tempel gebracht worden. Im Allerheiligsten des Tempels lebte sie rein und unschuldig wie eine Taube, Engel kamen und brachten ihr Speise.

Wir können davon ausgehen, dass Kindheit und Jugend Marias wesentlich unspektakulärer verliefen. Vermutlich ist sie in Nazareth aufgewachsen, in dem kleinen armseligen Dorf in Galiläa. »Was kann aus Nazareth Gutes kommen?« (Joh 1,46) fragten die Leute damals. Als Jesus später einmal in seinen Heimatort zurückkam und in der Synagoge lehrte, wunderten sich die Leute und fragten: »Woher hat er das? Und was ist das für eine Weisheit, die ihm gegeben ist? … Ist er nicht der Zimmermann, Marias Sohn …?« (Mk 6,2–3). Aus diesen wenigen Bemerkungen ist zu schließen, dass weder Maria noch ihre Familie in Nazareth ein besonderes soziales oder religiöses Ansehen hatten.

Als junges Mädchen ist Maria mit Sicherheit in der jüdischen Tradition erzogen worden. Der Name Mirjam, den ihr die Eltern gaben, verband sie mit jener temperamentvollen und kraftvollen Schwester des Moses, die nach dem Durchzug durchs Rote Meer den israelitischen Frauen mit der Pauke voranzog und das Lied der Befreiung anstimmte und der alle Frauen mit Pauken und Reigen folgten (2 Mose 15,20f.).

Kurt Marti schreibt in seinem Gedicht »Und Maria«:

und maria konnte kaum lesen
und maria konnte kaum schreiben
und maria durfte nicht singen
noch reden im bethaus der juden
wo die männer dem mann-gott dienen
dafür aber sang sie
ihrem ältesten sohn
dafür aber sang sie
den töchtern den anderen söhnen
von der großen gnade und ihrem
heiligen umsturz …[6]

Wenn man aus diesem Lied vom »heiligen umsturz«, dem Magnifikat (Lk 1,46ff.), auf das hier angespielt wird, irgendetwas über den sozialen und religiösen Stand Marias entnehmen darf, so ist es der Hinweis auf die »Niedrigkeit seiner Magd«. Maria freut sich, dass Gott ihre Niedrigkeit angesehen hat. Niedrig ist ihr sozialer Stand in Nazareth, gering sind ihre Rechte als Frau in der jüdischen Religion. Aber gerade hier will Gott ansetzen. Diese Niedrigkeit ist offenbar besonders geeignet, dass Gott sie stark und von sozialem

Stand und religiösem Einfluss unabhängig machen wird. So formt er aus jener unbedeutenden Frau im abgelegenen Winkel der Weltgeschichte ein Gefäß, in das er seinen kostbaren Schatz legen will.

I

Innerhalb einer Woche feiert die römisch-katholische Kirche drei Marienfeste, die in der Volksfrömmigkeit stark verwurzelt sind: *Mariä Geburt* (8. September), *Mariä Namen* (12. September) und *Mariä Schmerzen* (15. September). Alle drei Feste lassen sich nicht aus der Bibel ableiten. Es sind Traditionsfeste, in denen Maria in ihrer Geschöpflichkeit betrachtet und gefeiert wird. Die Geburt, der Name und die Schmerzen Marias bieten den Gläubigen viele Möglichkeiten, das eigene Leben zu betrachten, besser zu verstehen und zu bewältigen. Weil diese Frau einen Geburtstag hat wie wir, einen Namen trägt wie wir, Schmerzen leidet wie wir, teilt sie ihr Schicksal mit uns, so denkt und fühlt der Gläubige und so ist vielleicht die Beliebtheit dieser Feste beim Volk zu verstehen.

Natürlich wird sie in den Texten dieser Fest- und Gedenktage auch in ihrer Besonderheit und Herausgehobenheit dargestellt.

Mariä Geburt

Das römisch-katholische Messformular an diesem Festtag beginnt mit den Worten: »Voll Freude feiern wir das Geburtsfest der Jungfrau Maria, aus ihr ist hervorgegangen die Sonne der Gerechtigkeit, Christus, unser Gott«. In Assoziation zum Bild der Sonne wird im Schlussgebet von Maria gesagt, sie sei »die Morgenröte des Heils und das Zeichen der Hoffnung für die ganze Welt«. Im Aufleuchten der Morgenröte weicht die Finsternis und kündigt sich bereits der Aufgang der Sonne an. Aus Maria, der »Morgenröte des Heils«, wird Christus, die »Sonne der Gerechtigkeit« (Mal 3,20) geboren. In der Lesehore zum Festtag wird aus einer Rede von Andreas von Kreta gelesen: »Eine Jungfrau wird geboren, gepflegt und herangezogen und zur Mutter geformt für Gott, den König der Ewigkeiten. So singe und tanze also die ganze Schöpfung ... Heute wurde das Heiligtum für den Schöpfer des Alls errichtet. Die Schöpfung bereitet dem Schöpfer ein neues und würdiges Haus«.[7]

In überschwänglicher lyrischer Sprache wird das Besondere der Geburt Marias beschrieben. Bereits in ihrer Geburt wird sie von Gott zum Gefäß seiner Menschwerdung erwählt und bereitet. In der Geburt Marias bereitet Gott die schöpfungsmäßige Voraussetzung für seine Ankunft in der Welt. Er schafft sich im Leib Marias einen Raum, in dem er zur Welt kommen will.

Jeder Mensch wird in seiner Geburt von Gott zu einem Gefäß geformt, das gewürdigt ist, Gott selbst zu empfangen. Das ist die allgemeine Berufung (vocatio generalis) eines jeden Menschen, die sich schließlich in einer besonderen

Berufung (vocatio specialis) und Geistbegabung aktualisiert und realisiert. Von Marias besonderer Berufung wird noch ausführlich zu reden sein. Hier geht es zunächst um ganz elementare Dinge: die schöpfungsmäßige Bereitung eines Raumes und menschlichen Gefäßes für die Menschwerdung des Gottessohnes.

Mariä Namen

Jedes Kind erhält nach seiner Geburt einen Namen. Der Name ist eine Macht, die das Geschick seines bzw. ihres Trägers, sein Schicksal, seine Bestimmung oder Bedeutung für diese Welt zum Ausdruck bringt. Die Namensgebung geschieht in der Bibel oft auf göttliche Anordnung hin oder ist Anlass zu intensiven Beratungen im Kreis der Familie, so z. B. bei Jesus (Lk 1,31; 2,21; Mt 1,25) oder bei Johannes dem Täufer (Lk 1,59 ff.). Von Maria ist dergleichen nichts bekannt. Dennoch ist davon auszugehen, dass ihre Eltern ihr den Namen mit einer bestimmten Intention gegeben haben.

»Der Name *Maria* besteht aus zwei Wurzeln, einer ägyptischen und einer hebräischen. *Myr* besagt im Ägyptischen: Geliebte, während *jam* im Hebräischen eine Abkürzung für Jahwe (ja oder jam) ist. Somit bedeutet Maria oder Mirjam: die Geliebte Gottes oder Vielgeliebte Gottes. Diese philologische Herleitung besitzt einen hohen historischen Wahrscheinlichkeitsgrad; denn die erste Frau, die unter dem Namen Maria bekannt ist, ist die Schwester von Mose und Aaron, die in Ägypten geboren ist: Mirjam (Ex 15,20).«[8] Es war bei den Ägyptern ein gängiger Brauch, zusammengesetzte Namen zu verwenden, deren erster Teil aus »myr« oder

»meri« (Geliebter, Geliebte) bestand und deren Endung ein Göttername war. Wahrscheinlich gaben die Israeliten der Schwester der beiden Anführer, die das Volk aus der Gefangenschaft Ägyptens befreien sollten, den Namen Myrjam, wobei ihnen vor allem die Endung des Namens als Hinweis auf die hebräische Gottheit (jam, ja) wichtig war. Es gibt noch zahlreiche andere etymologische Herleitungen des Namens Maria.[9] Nach einer möglichen Ableitung würde Maria die Erhöhte, die Erhabene bedeuten. Andere sehen in den hebräischen Wortsilben »mar« (bitter) und »jam« (Meer) den Ursprung des Namens. Maria hieße dann: »Meer der Bitterkeit«, was auf die *Mater dolorosa* hinweist, die am Leiden Christi teilhat. Noch andere leiten Maria von »mir« (Erleuchter) her. Dann wäre Maria die Erleuchterin des Meeres, oder wie sie in der Tradition genannt wurde: der Meerstern. Das in der katholischen Volksfrömmigkeit beliebte Lied »Meerstern, ich dich grüße« geht zurück auf den alten Marienhymnus »Ave stella maris« aus dem 8. Jahrhundert. Hier werden archetypische Bilder auf Maria bezogen. Sie bietet Schutz und Orientierung. Das Meer ist hier ein Bild für die Gefahren, die Menschen bedrohen, den Abgrund, in den sie fallen können und für das Unbewusste, das sie verschlingen will.

Das Fest Mariä Namen wurde zuerst im 16. Jahrhundert in Spanien begangen. Papst Innozenz XI. führte es 1684 in der ganzen römisch-katholischen Kirche ein zum Dank für den Sieg über die Türken bei Wien am 12. September 1683. Die christlichen Verteidiger des Abendlandes hatten damals vor der entscheidenden Schlacht Maria um Hilfe angerufen und sich unter die Macht ihres Namens – gleichsam als Panier – gestellt. »Der Name ›Maria‹ als Zeichen des Heils, auf das das Volk seine Hoffnung setzt, und die Erfahrung, in dieser Hoffnung nicht enttäuscht zu werden – das ist die Botschaft des Gedenktages Mariä Namen im Rahmen einer langen Geschichte überlieferter Frömmigkeit über den konkreten Anlass hinaus«[10].

Mehrheitlich sind die etymologischen Ableitungen des Namens Marias Frucht marianischer Frömmigkeit. Wir entscheiden uns für die erste Deutung: Maria, die Vielgeliebte Gottes! Das ist ihr Geschick, das ist ihr Schicksal, das ist ihr Auftrag. Sie ist die Frau, die Gott über alles liebt und die immer wieder eingeladen wird, sich von Gott lieben zu lassen.

Mariä Schmerzen

Der Gedenktag der Schmerzen Marias zeigt Maria als leidgeprüfte Frau. Sie bietet mit ihren Wunden und Schmerzen allen Gläubigen die Möglichkeit der Identifikation und Bewältigung der eigenen Schmerzen.
Sieben Schmerzen hat die Tradition Maria zugeschrieben:

1. Die Weissagung Simeons (Lk 2,35); 2. Die Flucht nach Ägypten (Mt 2,13–15); 3. Das Loslassen und Freigebenmüssen ihres zwölfjährigen Sohnes im Tempel (Lk 2,48 f.); 4. Jesus auf dem Kreuzweg (Lk 23,27 f.); 5. Die Kreuzigung Jesu (Lk 23,33); 6. Die Kreuzesabnahme Jesu (Joh 19,38); 7. Die Grablegung Jesu (Joh 19,40–42).

Gerade als die *Mater dolorosa* ist sie den Menschen und besonders den Müttern über Jahrhunderte hindurch nah gewesen. In den Nöten und Ängsten der schmerzensreichen Mutter konnten sie sich selbst wiederfinden. Im Hoch- und

Spätmittelalter wurde in unzähligen Texten und Bildern das Leid der Gottesmutter dargestellt, das zur Betrachtung und Identifikation einlud. Auch umgekehrt spiegeln sich Leiderfahrungen ihrer Verehrer in den Texten und Bildern wider. »Erst in der Passionsmystik des hohen und späten Mittelalters fand Mitleid eine Sprache. Mit Hilfe von Denk- und Anschauungsformen religiöser Mystik sind Menschen damals fähig geworden, innere Leiderfahrungen in Bildern und Begriffen auszudrücken. In Marias Schmerz fanden christliche Fromme ihr eigenes Leid ausgedrückt. Was die Gottesmutter erduldet hatte, gab menschlichem Leid einen Sinn. ... Maria lebte vor, was Mitleid eigentlich ist und sein soll: Sympathie und Identifikation mit dem anderen«.[11]

Der heutige katholische Gedenktag Mariä Schmerzen hat seinen Ursprung im 15. Jahrhundert, also in jener Zeit, in der die Erfahrung und der Affekt zu Leitbegriffen einer neuen Frömmigkeit wurden. Christus, der leidende Mensch, und Maria, die von Schmerzen geplagte Frau und Mutter, rückten damals in den Blickpunkt frommer Betrachtung und religiöser Übung. Aus jener Zeit hat sich die Sequenz *stabat mater dolorosa* (»Christi Mutter stand mit Schmerzen«) in der heutigen Liturgie dieses Gedenktages erhalten. Dieses ursprünglich für die Privatandacht geschaffene Reimgebet »ist dichterischer Ausdruck einer liebenden Versenkung in das Geheimnis des Kreuzes Christi, eines liebenden Mit-Leidens, das in Maria sein Urbild erblickt«.[12] Es hat leicht verkürzt als Lied Eingang in das Gotteslob, das katholische Gebet- und Gesangbuch (Nr. 584), gefunden.

II

Während die Geburt Marias und ihre Namensgebung in der Bibel keine Erwähnung finden, sind ihre Schmerzen, bezogen auf ihren Sohn, mehrfach angedeutet. Bereits bei der Darstellung ihres Kindes im Tempel, vierzig Tage nach dessen Geburt, kündigt ihr der greise Simeon an: »Siehe, dieser ist gesetzt zum Fall und zum Aufstehen für viele in Israel und zum Zeichen, dem widersprochen wird – und auch durch deine Seele wird ein Schwert dringen« (Lk 2,34 f.). Die Mutter des Heilands wird an der Ablehnung und dem Widerstand, den dieser erfahren wird, mitleiden. Viele sehen in der Weissagung Simeons bereits einen Hinweis auf den Schmerz der Mutter unter dem Kreuz ihres Sohnes. Aber hier geht es zunächst einmal um die Ablehnung ihres Sohnes, die sie bis in die Mitte ihrer Person treffen und verletzen wird.

Der Evangelist Matthäus berichtet von einer weiteren Leidenssituation, die Maria mit Josef und ihrem Kind zu bewältigen hatte. Um dem Kindermord des Herodes zu entkommen flieht die Familie auf Anweisung eines Engels, der Josef im Traum erscheint, nach Ägypten (Mt 2,13 ff.). Sie teilen damit das Schicksal unzähliger Menschen aller Zeiten auf der Flucht, die ihrer Heimat beraubt, Opfer von Verfolgung und Diskriminierung werden.

Auf einer Wallfahrt nach Jerusalem setzt sich der 12-jährige Jesus ohne Wissen seiner Eltern von der Pilgergruppe ab. Nach drei Tagen aufregender Suche finden ihn seine Eltern im Tempel wieder, wo er mit Theologen in ein Gespräch vertieft ist. Den Vorhaltungen der Mutter entgegnet er schroff: »Warum habt ihr mich gesucht? Wisst ihr nicht, dass ich sein muss in dem, was meines Vaters ist?« (Lk 2,41–51). Maria versteht ihren Sohn nicht mehr. Vielleicht spürt sie, dass mit ihm etwas Besonderes ist, eine Gottunmittelbarkeit, vor der sie in Ehrfurcht schweigen muss. Sie muss schließlich anerkennen, dass ihr Sohn nicht ihr gehört, dass sie nicht über ihn verfügen kann und dass er jetzt im Haus seines himmlischen Vaters sein muss. Maria muss schmerzlich lernen loszulassen, wie es alle Mütter bei ihren heranwachsenden Kindern lernen müssen, damit diese ihre eigenen Wege gehen können.

Eine weitere Zurückweisung durch ihren Sohn erfährt Maria, als sie versucht, ihn während einer öffentlichen Rede in offenbar privaten Angelegenheiten zu unterbrechen und zu sich zu rufen. Jesus macht in der Zurückweisung dieses Begehrens klar, dass private Ansprüche auf ihn kein Recht mehr haben, sondern dass alle, die den Willen Gottes tun, seine wahren Verwandten sind (Mk 3,31–35). Damit widersteht er dem Privatisierungsversuch seiner Mutter und seiner Familie, die ihn aus dem Verkehr ziehen wollen, weil er angeblich von Sinnen sei (Mk 3,21). Sein Platz ist nicht mehr in seiner Herkunftsfamilie. Die Bindung an seine leibliche Verwandtschaft löst er mit dem Hinweis auf die neuen Bindungen geistlicher Verwandtschaft durch Glaube und Nachfolge. Eine schmerzliche Erfahrung für eine Mutter, die erkennen muss, dass der Sohn nicht ihr, sondern allen gehört.

Die kirchliche Tradition sieht Maria, die Mutter Jesu, im Kreis der klagenden und weinenden Frauen, die den Kreuzweg Jesu beweinen (Lk 23,27ff.). In den Passionserzählungen der Evangelisten Markus, Matthäus und Lukas taucht Maria, die Mutter Jesu, jedoch nicht auf. Sie nennen nur

»viele Frauen, die von ferne der Kreuzigung zuschauten« (Mt 27,55 f.). Nur der Evangelist Johannes berichtet, dass unter dem Kreuz Jesu auch seine Mutter stand, mit ihr drei weitere Frauen und der Jünger, »den er lieb hatte« (Joh 19,25 f.). Dabei ist er nicht an Marias Klagen, Tränen und Schmerzen interessiert. Er berichtet – und allein darum geht es ihm in dieser Szene – wie der am Kreuz Sterbende seine Mutter und den Lieblingsjünger zusammenführt. In einer letztgültigen Verfügung begründet Jesus ein neues Verhältnis zwischen den beiden: »Siehe da, dein Sohn!« – »Siehe da, deine Mutter!« Diese Worte können zunächst als Ausdruck der liebenden Fürsorge Jesu verstanden werden. Der Lieblingsjünger begreift sofort, was Jesus von ihm will. »Von jener Stunde an« nimmt er Maria in sein Haus. Darüber hinaus kann man diese Szene symbolisch deuten, wie R. Bultmann es in seiner typologischen Erklärung versucht: »Die Mutter Jesu, die am Kreuz ausharrt, stellt das Juden-Christentum dar, das den Anstoß des Kreuzes überwindet. Das durch den Lieblingsjünger repräsentierte Heidenchristentum wird angewiesen, jenes als seine Mutter, aus der es hervorgegangen ist, zu ehren, und jenem wird geboten, sich innerhalb des Heidenchristentums ›zu Hause‹, d. h. in die große kirchliche Gemeinschaft eingegliedert zu wissen.«[13] Andere sehen in dem Übergang der Mutter zum Lieblingsjünger ein Aufgehen der leiblichen Familie Jesu in die geistliche, wie sie Jesus bereits mit dem Hinweis auf seine wahren Verwandten angekündigt hatte.

Auch in den Szenen der Kreuzabnahme (Joh 19,38) und der Grablegung (Joh 19,40 ff.), mit denen die Tradition die Schmerzen Marias verbindet, ist in den Evangelienberichten von Maria nicht die Rede. Für die Evangelisten war Marias

Gefühlswelt kein Thema. Eine Schmerzensmutter, wie sie im Mittelalter dargestellt und verehrt wurde, kennt die neutestamentliche Überlieferung nicht. Keiner der Evangelisten beschreibt auch nur eine Gefühlsregung jener Frauen, die stundenlang unter dem Kreuz standen und die die einzigen Zeugen seines Sterbens für die ersten Christen waren. Gefühlslagen zu beschreiben, widersprach den Berichtsinteressen der neutestamentlichen Schriftsteller. Ihren Lesern wollten sie zeigen, »dass in der Geschichte des christlichen Heils die seelischen Befindlichkeiten der handelnden und leidenden Personen keine Rolle spielen«.[14] Wie auch immer in der Geschichte die Schmerzen und Leiden Marias dargestellt oder auch nicht dargestellt wurden, zum Wesen Marias, der Frau aus Nazareth, gehört der Schmerz untrennbar hinzu. Sie wurde geboren wie wir, sie trägt einen Namen wie wir und sie empfand Schmerzen wie wir.

III

Wie ein roter Faden zieht sich das Thema Demut durch fast alle Äußerungen Martin Luthers über Maria. Ganz zentral findet es sich in seiner Auslegung des Magnifikat von 1521. Maria, die Frau aus Nazareth, ist für Luther zunächst in ihrer Menschlichkeit die reine Magd, die Gott angesehen hat und die er auf Grund ihrer Niedrigkeit (humilitas) erwählt hat. Deshalb hört auch Luther nicht auf, Maria zu preisen, nicht wegen ihrer Verdienste, sondern wegen ihrer von Gott angesehenen Demut. »Luther entfaltet seine Mariologie vor allem in der Auslegung der Verse Lk 1,48 und 49. Angelpunkt der Auslegung ist die Übersetzung von ›respexit humilitatem ancillae suae‹. Denn Luther deutet erstens nicht, wie allgemein üblich, humilitas als verdienstliche Demut, sondern als Niedrigkeit, und verschiebt damit zweitens den Akzent vom herkömmlichen meritum Mariae, das eben in ihrer Demut bestand, zum ›respexit‹, d. h. zu Gottes Ansehen (gen. subj.) ... Das Ansehen Gottes ist die Quelle, aus der sich das Menschsein des Menschen speist«.[15] Für Luther ist Maria »das allervornehmste Beispiel der Gnade Gottes«[16], Typus des aus Gnade gerechtfertigten Menschen. Widersinnig wäre es, wollte man nun bei Maria Hilfe suchen, ausgerechnet bei dem Menschen, an dem die Leere menschlicher Hände und die allgemeine Göttlichkeit der Gnade sichtbar geworden ist. Weil in Maria überschwänglicher Reichtum Gottes mit ihrer Armseligkeit, göttliche Ehre mit ihrer Nichtigkeit, die göttliche Würde mit ihrer Verachtung, die göttliche Größe mit ihrer Kleinheit, die göttliche Güte mit ihrem Unverdienst, die göttliche Gnade mit ihrer Unwürdigkeit zusammengekommen sind, ist in ihr Lust und Liebe zu Gott gewachsen.[17] Und so sollen auch wir unser Vertrauen nicht auf Maria setzen - an ihr sind menschliche Niedrigkeit und leere Hände zu sehen - sondern allein auf die Gnade Gottes. Im Herzen entsteht dabei eine tiefe Liebe zu Maria, an deren Beispiel wir großen Trost gewinnen können.[18]

So zeigt sich in Marias Demut, in ihrer Niedrigkeit, ihre eigentlich Größe. Indem sie Gott Gott sein lässt und nichts Göttliches für sich reklamiert, erfährt sie ihre wahre Größe und Würde, wie sie im Magnifikat (Lk 1,46-55) aufleuchtet. Sie ist gewürdigt, die übergroße göttliche Gnade in ihrem Herzen und in ihrem Leib zu empfangen.

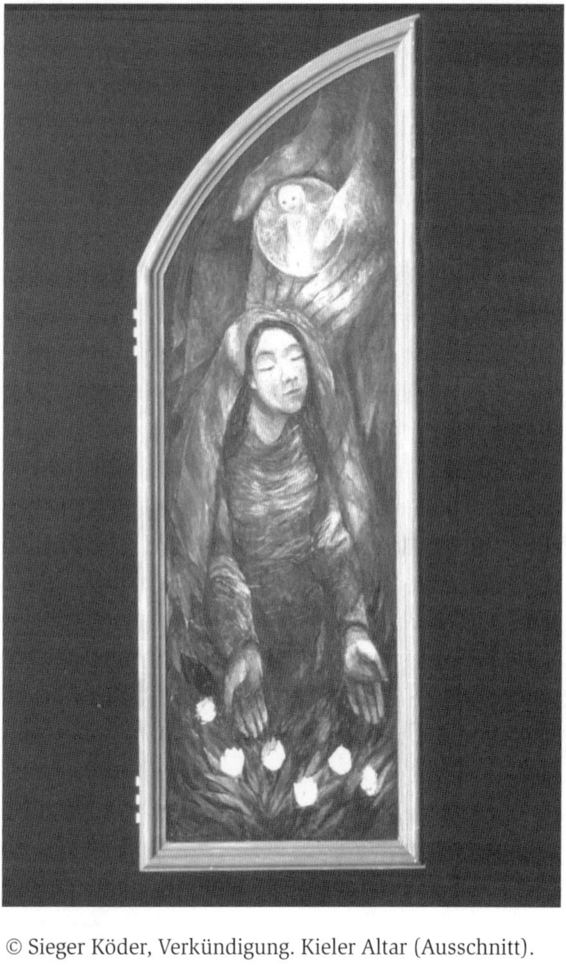

© Sieger Köder, Verkündigung. Kieler Altar (Ausschnitt).

IV

Als erstes fällt dem Betrachter die Farbe Blau ins Auge. Das Kleid und der Umhang im fließenden Übergang zum Himmel, alles erstrahlt in einem tiefen warmen Blau. Blau symbolisiert hier die Realität des Himmels.

Das Gesicht ist dem Himmel zugewandt, so als suchte sie das Licht. Die Augen sind geschlossen. Sie ist ganz im Augenblick gegenwärtig, frei von jeder Ablenkung, ganz nach innen, aber auch nach außen gekehrt, um wahrzunehmen, was auf sie zukommt. Die Gesichtszüge sind ebenmäßig, einfach.

Die leeren Hände, überproportional groß, die alles losgelassen haben und nichts mehr festhalten, wollen die innere Haltung der Offenheit und des Empfangens hervorheben. Sie wartet gleichsam, dass ihr etwas in den Schoß gelegt wird.

Die sechs Christrosen, die in ihrem Schoß erblühen, sind Zeichen der Verheißung, die auf die siebte Christrose zur Vollendung warten lässt, auf das Kind, den Messias, der in ihrem Schoß erblühen wird.

Dieses von Sieger Köder für einen Kieler Altar gemalte Bild trägt den Titel »Verkündigung«, aber es hat den Fokus allein auf die wahrnehmende und empfangende Haltung Marias gerichtet. Ein Engel ist nicht zu sehen, aber die himmlische Welt ist im sie umgebenden Blau bereits gegenwärtig. Maria ist ganz und gar präsent in dieser Wirklichkeit und offen, zu empfangen. Ihre ganze Gestalt ist wie ein offenes Gefäß, das bereit ist, den Himmel in sich aufzunehmen.

Die Ruhe des Bildes geht auf den Betrachter über und lädt ein, selbst in diese kontemplative Haltung einzutreten und wie ein Gefäß zu werden.

V

Die Wahrnehmung, Gestaltung und Integration der eigenen Geschöpflichkeit und insbesondere der Leiblichkeit ist die Grundlage für jede spirituelle Erfahrung und Praxis. Im Begriff »Spiritualität« liegt das Missverständnis nahe, es handele sich hierbei um Geisterfahrungen, die ohne Leiblichkeit sich vollziehen oder gar die Loslösung vom Leib erfordern. Das Gegenteil ist der Fall. Weder das platonische Menschenbild noch das manichäische treffen die Wirklichkeit. Nicht Entleibung ist das Ziel, sondern Durchseelung des Leibes. In der spirituellen Erfahrung wird der ganze Mensch nach Leib, Seele und Geist erfasst, durchdrungen und gestaltet.

In der spirituellen Praxis beginnt man immer wieder mit der Wahrnehmung dessen, was ist (vgl. den Aufbau der ignatianischen Exerzitien). Am Anfang steht hier immer die Wahrnehmung. Es gibt Sinneswahrnehmungen wie Hören, Tasten, Schmecken, Sehen, Riechen. Die geistige Wahrnehmung nennt man Bewusstwerden, Innewerden, Gewahrwerden. Sie entspricht dem lateinischen Wort »perceptio« und besteht darin, dass man etwas von der Realität zur Kenntnis nimmt. Gegenstand der Wahrnehmung kann zunächst die eigene Geschöpflichkeit und Leiblichkeit sein. Im aufmerksamen Durchfühlen aller Körperteile wird das Körpergefühl geweckt, alle Teile werden mehr und mehr bewusst, werden angeeignet und seelisch integriert. So kann es dem Übenden gelingen, zunächst nur einige Augenblicke, später immer länger, ohne störende Gedanken ganz im Augenblick gegenwärtig zu sein. Die Wahrnehmung kann sich auch nach außen richten. Die Übende kann z. B. einen

Baum betrachten, indem sie etwa nicht über das Baumsterben reflektiert, sondern den Baum ganz auf sich wirken lässt. Dann kann sie z. B. übergehen zum Hören. Einen Augenblick ganz Ohr zu sein, zu lauschen auf das Zwitschern eines Vogels und dabei nicht erforschen zu wollen, welcher Vogel da singt, sondern das Zwitschern einfach auf sich wirken zu lassen, das ist eine Grundübung spiritueller Praxis. Die erste und beste Lehrmeisterin auf dem Weg der spirituellen Erfahrung und Übung ist die Natur oder besser gesagt: die Schöpfung. Sie gilt es nicht zu umgehen oder auszuschalten, sondern als Gegenstand und Voraussetzung für spirituelle Erfahrung wahrzunehmen, dankbar anzunehmen und zu integrieren.

Die eigene Geschöpflichkeit und Leiblichkeit ist nicht nur einem ständigen Wachstums- und Veränderungsprozess unterworfen, sondern erfordert auch eine ständige aktive Strukturierung und Gestaltung, damit sie aufnahme- und resonanzfähig und durchlässig für spirituelle Erfahrungen wird und bleibt. Spiritualität ist genau diese Arbeit an der eigenen Person und ohne ständige Übung passiert nichts. Man kann die Infusion des göttlichen Geistes in die eigene Person nicht durch eigene Anstrengung erwirken, aber man kann in nicht unerheblicher Weise die leibliche und seelische Aufnahme- und Resonanzfähigkeit und auch Durchlässigkeit für spirituelle Erfahrungen durch mentale und leibliche Trainingsprogramme steigern.

»Menschen finden zur Fülle ihres Personseins, wenn ihr leibliches Dasein, auch im Leiden, zum Personanzraum des Heiligen wird.«[19] Gott schafft sich im Menschen diesen Resonanz- und Personanzraum, wie der Töpfer sich ein Gefäß auf der Scheibe formt (Jer 18,6). Der Mensch ist, wie am Beispiel Marias, der Frau aus Nazareth, zu sehen ist, in seiner Geschöpflichkeit und Leiblichkeit als ein »irdenes Gefäß« (2Kor 4,7) geschaffen, um die Herrlichkeit Gottes in sich aufzunehmen und weiterzugeben. Gott hat sich im Leib Marias einen Raum geschaffen, in dem er in einmaliger Weise zur Welt gekommen ist, um in seinem Sohn die Welt zu erlösen. In jedem Menschen will er in ähnlicher Weise erneut zur Welt kommen. Dazu braucht er den menschlichen Leib, die menschliche Seele und den menschlichen Geist. So findet der Mensch erst zur Fülle seines Personseins, wenn er immer mehr zum »Personanzraum des Heiligen« wird. Dieser göttliche Schöpfungs- und Gestaltungsprozess am Menschen vollzieht sich nicht ohne Leiden. Im Leiden erfährt er Reinigung und Läuterung seines Wesens, im Leiden wird er von Gott zu dem geformt und gestaltet, was er werden soll: »Personanzraum des Heiligen«. Paulus deutet seine eigenen Leiden ganz im Sinne dieses göttlichen Läuterungsprozesses, wenn er schreibt: »Wir tragen allezeit das Sterben Jesu an unserem Leibe, damit auch das Leben Jesu an unserem Leib offenbar werde. Denn wir, die wir leben, werden allezeit in den Tod gegeben um Jesu willen, damit auch das Leben Jesu offenbar werde an unserem sterblichen Fleisch« (2Kor 4,10f.).

Neben diesem von Gott zugemuteten und manchmal aufgezwungenen passiven Reinigungs- und Läuterungsprozess gibt es in der spirituellen Praxis auch aktive methodisch angelegte Übungswege mit dem Ziel, die eigene Person bis in die Leiblichkeit hinein zu präparieren, damit sie immer mehr aufnahme- und resonanzfähig aber auch durchlässig für göttliche Einflüsse wird. So können z. B. Wahrnehmungs- und Atemübungen, Schweigen, Fasten, Pilgern und andere asketische Übungen den »Personanzraum des Heiligen« erheblich erweitern. Leider sind diese Übungen im protestantischen Raum nur wenig verbreitet und stehen immer noch unter dem Verdikt der Gesetzlichkeit. Immer mehr religiös suchende Menschen in und abseits der christlichen Kirchen suchen und gestalten eine tendenziell asketische Spiritualität, die nicht leibfeindlich – wie oft vermutet und unterstellt – sondern gerade in ihrer leiblichen Ausrichtung klärend, strukturierend und sammelnd auf das Bewusstsein wirkt und für spirituelle Erfahrungen öffnet. Es geht in diesen leibbezogenen Übungen einerseits um Leerwerden und Loslassen, andererseits aber auch um eine methodische Öffnung für göttliche Einflüsse. Um es noch einmal deutlich zu sagen: Mit spirituellen Übungen kann man keine religiöse Erfahrung methodisch herbeiführen oder gar erzwingen wollen, aber man kann die leiblich-seelischen Voraussetzungen dafür schaffen, dass sich Heiliger Geist und göttliche Kräfte einstellen können.

VI

In der nun folgenden Übung sind Sie eingeladen, Ihre Geschöpflichkeit und insbesondere Ihre Leiblichkeit wahrzunehmen und sich bewusst zu werden: Ich bin von Gott gewollt, geschaffen als ein Gefäß, das gewürdigt ist, einen kostbaren Schatz zu empfangen.

- Setzen Sie sich auf einen Stuhl mit einer geraden festen Sitzfläche. Beide Füße haben Kontakt zum Boden. Spüren Sie mit den Füßen zum Boden hin.
- Nehmen Sie nun den Kontakt ihrer Sitzfläche zum Stuhl wahr. Spüren Sie die zwei Sitzknochen, dadurch richtet sich der Oberkörper aus dem Becken heraus ohne Mühe auf.
- Spüren Sie nun mit dem Scheitel zur Decke hin.
- Ihre Hände liegen mit den Handflächen nach unten auf den Oberschenkeln.
- Nehmen Sie nun Ihren Atem wahr, wie er kommt und geht. Verändern Sie den Rhythmus des Atems nicht, sondern lassen Sie ihn ruhig weiter fließen (ca. 5 Minuten).
- Nun fühlen Sie Ihren ganzen Körper durch. Beginnen Sie bei den Zehen und dann aufwärts bis zum Scheitel. Wählen Sie einzelne Körperteile nacheinander aus. Verweilen Sie dort, bis Sie eine Regung in dem Körperteil fühlen. Denken Sie nicht: »Ich fühle«, sondern fühlen Sie, nehmen Sie wahr ohne zu bewerten. Wird ein Körperteil nicht gefühlt, so kann man es bewegen oder anrühren. So kann die Aufmerksamkeit den ganzen Körper durchwandern.
- Nun kommen Sie mit Ihrer Wahrnehmung zu den Händen. Drehen Sie ganz langsam Ihre Handflächen nach oben. Versuchen Sie in den Handflächen jede kleinste Regung wahrzunehmen. Verweilen Sie einige Zeit in der Wahrnehmung der Handflächen.
- Gehen Sie nun mit Ihrer Wahrnehmung von den Händen über die Unterarme zu den Oberarmen und spüren Sie, wie Hände und Arme eine offene Schale bilden.

- Nehmen Sie wahr, wie Ihr ganzer Leib nun zur Schale wird. Sprechen Sie leise und bewusst die Worte: »Hier bin ich!« Verweilen Sie noch einige Augenblicke in diesem Bewusstsein: »Ich bin ein Gefäß, von Gott geschaffen, einen kostbaren Schatz zu empfangen«.

Herr, mein Gott, du hast mich geschaffen.
Wie der Töpfer den Ton formt,
so hast du mich geschaffen zu einem irdenen Gefäß.
Ich danke dir, dass ich wunderbar gemacht und gewürdigt bin,
dich in meiner Geschöpflichkeit zu empfangen.
Reinige und läutere mich, damit ich ganz leer und offen werde
für dich und alles, was du mir zufließen lassen willst.
Lob sei dir und Ehre in Ewigkeit. Amen.

2. Die Jungfrau

I

Am 25. März, neun Monate vor Weihnachten, feiern die römisch-katholische und die evangelischen Kirchen ein Fest, das die Ankündigung der Geburt des Herrn durch den Erzengel Gabriel an Maria zum Thema hat. Für dieses »Fest der Menschwerdung des Wortes Gottes« wurde im Römischen Festkalender seit dem Apostolischen Schreiben Papst Paul VI. *Maria Cultus* (Nr. 6) die alte Bezeichnung »Verkündigung des Herrn« wieder eingeführt, vorher trug es den Namen »Mariä Verkündigung« oder auch »Mariä Empfängnis«. Es wurde in der Ostkirche bereits um 550 am 25. März gefeiert, in Rom wurde es im 7. Jahrhundert eingeführt. Für die römisch-katholische Kirche ist es nach der Umbenennung ein Herrenfest, ein Hochfest, an dem ein Höhepunkt im Heilsdialog zwischen Gott und den Menschen gefeiert wird und bei dem Maria eine ganz zentrale Stellung zukommt.

Den »Tag der Ankündigung der Geburt des Herrn«, so die evangelische Bezeichnung dieses Festes, begehen die evangelischen Kirchen kaum noch als eigenständiges Fest. Es ist zwar noch in den liturgischen Kalendern und in einigen Gottesdienstbüchern zu finden[20], wird aber in der Praxis – wenn überhaupt – nur am darauf folgenden Sonntag Berücksichtigung finden.

Im Mittelpunkt des Festes steht das Bild der Jungfrau, die vom Heiligen Geist, bzw. vom *logos*, dem Wort Gottes, schwanger wird. Die Menschwerdung des Gottessohnes beginnt nicht erst mit seiner Geburt, sondern nimmt mit der Empfängnis im Schoß Marias seinen Anfang.

Wo hat das Thema dieses Festes heute seinen Sitz im Leben? Empfängnis und Schwangerschaft sind Erfahrungen, die die meisten Frauen im Laufe ihres Lebens ein- oder mehrmals in und an ihrem Leib durchleben. Schwangerschaften werden heute in der Regel langfristig geplant. Überraschungselemente sollen möglichst vermieden werden. Ungeplante Schwangerschaften führen Frauen und Paare oft in unliebsame Turbulenzen. Der richtige Zeitpunkt der Schwangerschaft und Geburt soll sich möglichst reibungslos in ein Geflecht von Familien- und Karriereplanung einfügen lassen. Eine Schwangerschaft zum falschen Zeitpunkt führt unter Umständen zu der Entscheidung eines Schwangerschaftsabbruchs mit dramatischen Begleitumständen. Zur Unberechenbarkeit und Kraft des Lebens gehören ungeplante Schwangerschaften. Trotz Familienplanung, Empfängnisverhütung und weiterer Sicherungsmaßnahmen, die in unserer kinderarmen Gesellschaft immer mehr Anwendung finden, bahnt sich das Leben seinen Weg, werden Frauen gewollt oder ungewollt schwanger. Nicht immer werden Empfängnis und Schwangerschaft als Glück und Segen erlebt. Gewalterfahrungen bei der Zeugung können schwere traumatische Folgen für Mutter und Kind haben. Krankheiten können zu lebensbedrohlichen Umständen bei Schwangerschaft und Geburt führen.

So stellt sich am Anfang einer Schwangerschaft und dann immer wieder einmal die Frage: Wer hat dieses Kind gewollt? Seine Mutter, sein Vater, beide – oder keiner? Gibt es vielleicht ein übergeordnetes Wollen, einen göttlichen Willen? Ist dieses Kind vielleicht eine göttliche Zumutung, Herausforderung, Aufgabe, die der Mutter bzw. den Eltern gestellt wird? Bei der Empfängnis und Schwangerschaft Marias war Gottes Wille so stark, dass er auf den Willen eines Mann verzichten konnte, nicht jedoch auf die Einwilligung der Mutter. Wenn heute Mütter bzw. Eltern die Herausforderungen auch einer ungeplanten oder schwierigen Schwangerschaft annehmen, können sie unter Umständen erstaunliche Erfahrungen machen.

Eine weitere wichtige Frage bei einer Schwangerschaft lautet: Wer war am Zustandekommen beteiligt? Während die Frau sich ihrer Schwangerschaft irgendwann gewiss wird, bleibt die Vaterschaft des Mannes immer Glaubenssache. Natürlich gibt es in Zeiten der Zeugung menschlichen Lebens im Reagenzglas, in Zeiten von Samenspendern und Leihmüttern einige ganz neue Möglichkeiten der Entstehung eines Embryos, aber im Zuge der normalen Zeugung menschlichen Lebens ist die Schwangerschaft der Mutter doch allein das Eindeutige, die Vaterschaft zunächst Glaubenssache und erst im Nachhinein feststellbar. Das war bei der Empfängnis Jesu durch die Jungfrau Maria nicht anders. Maria, so zeigte sich schon bald, wurde schwanger, die Vaterschaft ihres Kindes bleibt bis heute Glaubenssache.

Trotz aller Fertigkeiten der modernen Reproduktionsmedizin ist eine Schwangerschaft biologisch-medizinisch nicht machbar. Neben funktionalen Schwierigkeiten gewisser Organe scheinen die mentalen und psychischen Vorraussetzungen für die Entstehung einer Schwangerschaft von nicht geringer Bedeutung zu sein. Je angestrengter ein Paar ein Kind will, ums so verkrampfter verhält es sich und desto unwahrscheinlicher wird eine Empfängnis. Gelassenheit und Offenheit für das Geschenk des Lebens scheinen wichtige innere Haltungen zu sein, die zum Gelingen wesentlich beitragen können. Hier ist das Thema der Jungfräulichkeit Marias anzusetzen: Sie ist ganz offen, verfügbar für das Leben aus Gott, sie willigt in das Geschehen ein – und das ist die Vorraussetzung dafür, dass Gott an ihr handeln kann.

II

Das Fest »Verkündigung des Herrn« hat eine relativ breite biblische Grundlage. Das Evangelium dieses Tages schildert bei Lk 1,26–38 die Begegnung und das Gespräch des Erzengels Gabriel mit Maria. Der Evangelist Lukas beginnt seinen Bericht mit dem Satz: »Und im sechsten Monat wurde der Engel Gabriel von Gott gesandt in eine Stadt in Galiläa, die heißt Nazareth, zu einer Jungfrau, die vertraut war einem Mann mit Namen Josef vom Hause David; und die Jungfrau hieß Maria.« Der einführende Vers nimmt Bezug auf die erste Sendung des Engels an Zacharias, dem Gabriel angekündigt hatte, dass sein Flehen erhört und seine Frau Elisabeth ihm einen Sohn gebären werde, dem er den Namen Johannes geben solle (Lk 1,13). Demnach war Elisabeth, die bis dahin unfruchtbare Frau des Zacharias, bereits sechs Monate schwanger, als Gabriel zu Maria kam. Das Geburtsfest Johannes des

Täufers feiert die Kirche am 24. Juni. War er neun Monate zuvor, d. h. am 25. September empfangen worden, ergab sich als Zeitpunkt für die sechs Monate danach erfolgte Empfängnis Jesu der 25. März. Mit Hilfe dieser Daten ließen sich zwischen dem Leben Johannes des Täufers und dem Leben Jesu wichtige Sinnbezüge herstellen. Christus wurde am Tag der im Frühjahr eintretenden Tagundnachtgleiche empfangen und geboren am 24. Dezember, am Tag der Wintersonnenwende. Johannes, sein Wegbereiter, hingegen kam am Tag der Sommersonnenwende zur Welt und wurde am Tag der Tagundnachtgleiche im Herbst empfangen. Diese Datierung des Festes im Jahreszyklus unterstreicht auch die kosmische Bedeutung des Geschehens. Die Empfängnis des Gottessohnes im Schoß der Jungfrau, als kosmische Neuschöpfung betrachtet, deutet die im Jahreszyklus hier datierten heidnischen Fruchtbarkeitsriten und -feste christlich und verdrängt diese im Laufe der Geschichte.

Adressat der göttlichen Verkündigung ist eine »Jungfrau«. Für den jüdischen Leser des Evangeliums steht im Hintergrund die alttestamentliche Verheißung, das prophetische Wort aus Jes 7,14: »Darum wird euch der Herr selbst ein Zeichen geben: Siehe eine Jungfrau ist schwanger und wird einen Sohn gebären, den wird sie nennen Immanuel«. In der Geburt Jesu aus der Jungfrau Maria findet Jes 7,14 seine Erfüllung. Jesus ist der angekündigte Träger der David und seinen Nachkommen gegebenen Verheißungen.

Die Frage nach der Jungfräulichkeit Marias ist leider immer wieder auf Nebenschauplätzen diskutiert und verhandelt worden. Weder Lukas noch die Kirchenväter haben Interesse an der Darstellung eines biologischen Wunders.

Die Jungfräulichkeit Marias ist weder Aszese noch deutet sie ihren Familienstand an, sondern Haltung der Einfalt des Empfangens. Als der Engel ihr begegnet, ist sie mit Josef verlobt. Die Verlobung bezeichnet ihren Familienstand, sie stellte damals ein rechtsverbindliches Eheversprechen dar. Die eheliche Gemeinschaft wurde erst nach der Heimholung der Braut durch den Bräutigam, d. h. nach der Hochzeit, aufgenommen. Es ist anzunehmen, dass dies auch von Josef und Maria so gehalten wurde. Doch ist festzuhalten, dass die Jungfräulichkeit in ihrem biblischen Verständnis nicht »Aszese« ist, sondern »Botschaft davon, wie *uns* das Heil zukommt: in der Einfalt des Empfangens«.[21] Die Jungfräulichkeit Marias ist nach biblischem Verständnis Haltung, nicht Enthaltung und darum auch »keine Aussage über ihren Familienstand, sondern über ihre Spiritualität«.[22]

Das besondere der Verkündigungsszene zeigt sich bereits im Gruß, mit dem der Engel ihr entgegentritt: » Sei gegrüßt, du Begnadete! Der Herr ist mit dir!« Maria hat Gnade gefunden in den Augen Gottes, er ist in besonderer Weise mit ihr, sie wird den »Immanuel« (d. h. »Gott mit uns«, vgl. Jes 7,14) gebären. Sie ist die für die Ermöglichung des Heilsgeschehens Auserwählte, erwählt durch die freie Gnade Gottes, die an keine Bedingung geknüpft ist. Dass Maria erwählt wurde, weil sie selbst »ohne Erbsünde empfangen« (immaculata conceptio) wurde und damit die nötige Reinheit als Voraussetzung für die Empfängnis mitbrachte, ist eine spätere Deutung, die im Evangelium keine Grundlage hat. Sie zeigt aber in ihrer Spiritualität, die in ihrer Jungfräulichkeit und in ihrer Einwilligung in das Geschehen hervortritt, eine

Haltung, die dem Wunder der Menschwerdung Gottes in ihr und durch sie entspricht.

Die Erscheinung des Engels und der an sie gerichtete Gruß erschrecken sie zutiefst. »Welch ein Gruß ist das?« Wo das Heilige erscheint und sich mitteilt geraten Menschen in große Furcht, auch wenn es durch die Gestalt eines Engels, eines göttlichen Boten, vermittelt erscheint. In der Spannung von Faszination und Erschrecken lauscht sie den Worten Gabriels, der ihr die Schwangerschaft und Geburt eines Sohnes ankündigt. Der Name steht bereits fest: »Jeshua (Gott hilft)« soll er heißen und »Sohn des Höchsten« wird er genannt werden. Gott selbst wird ihm »den Thron seines Vaters David geben und er wird König sein über das Haus Jakob in Ewigkeit, und sein Reich wird kein Ende haben«. Die endgültige Besetzung des Thrones Davids soll sich in der Geburt dieses Sohnes vollziehen und die alttestamentliche Verheißung (Jes 9,6) in ihm Erfüllung finden. Dabei ist Jesus nicht einfach bloß der Nachkomme Davids, wie das Volk ihn erwartet hatte. Mit ihm hat Gott einen neuen Anfang gesetzt. Er ist der »Sohn Gottes«, das ist gleichbedeutend mit »Christus« – d. i. der »Gesalbte«, der Messias.

Die Empfängnis und Geburt Jesu aus der Jungfrau Maria ist nicht als ein wunderbares biologisches Phänomen von Bedeutung, sondern als ein heilsgeschichtliches Zeichen, als »Wort« Gottes. Entsprechend wird auf die Frage Marias, wie das geschehen solle, geantwortet, bei Gott sei kein »Wort« ohnmächtig (Lk 1,37). Im Griechischen steht hier *rhema*, das auch mit »Sache« oder »Geschichte« übersetzt werden kann. Es entspricht dem hebräischen *dabar*, dem Wort, das Gott »im Anfang« sprach, »und es geschah«

(1Mose 1). *Rhema* ist im Lukasevangelium das schöpferische und geschichtsmächtige Wort Gottes, das bewirkt, was es sagt. Umgekehrt kann gesagt werden, dass alles von Gott her kommende Geschehen ein »geschehendes Wort« (Lk 2,15) ist.

Heiliger Geist und die Kraft des Höchsten sind die Kanäle, durch die das schöpfungsmächtige Wort zu Maria kommt und in ihr das neue Leben zeugt.

Der Vers Lk 1,37: »Bei Gott ist kein Ding (Wort) ohnmächtig« ist Zitat von 1Mose 18,14. Dort steht die Aussage in der Verheißung Gottes an Abraham, er werde trotz des hohen Alters seiner Frau Sara einen Sohn bekommen. Abraham ist Urbild des Glaubens im Alten Testament. Während Sara den unglaublichen Worten mit Lachen begegnet, glaubt er der Verheißung Gottes.

In der Einwilligung Marias in das göttliche Geschehen: »Mir geschehe nach deinem Wort« ist sie in Entsprechung und im Gegenüber zu Abraham das Idealbild des Glaubens, der in der Freiheit des Herzens offen ist allein für den Anruf Gottes. »Wegen dieses ihres ungeteilten Freiseins für den Herrn verehrt die Kirche sie als die absolut und darum immer Jungfräuliche, als die Braut, ›in deren Gemach der Geist des Höchsten eingekehrt ist‹ (*Antiphon* in der Terz im lateinischen Stundenbuch; in *cuius thalamum*), in deren jungfräulichem Schoß ... der Himmel sich mit der Erde vermählt hat«.[23]

Matthäus berichtet wie Lukas von einer Schwangerschaft Marias »von dem Heiligen Geist« (Mt 1,18 ff.) und schildert die peinliche Situation, in die ihr Verlobter dadurch geraten ist. Josefs Plan, sie heimlich zu verlassen, wird durch die

Erscheinung des Engels im Traum verhindert. Josef wird aufgeklärt, dass »was Maria empfangen hat, vom Heiligen Geist ist«. Auch er wird jetzt in den Plan Gottes eingeweiht, dass Maria einen Sohn gebären wird, dem sie den Namen Jesus geben soll, »denn er wird sein Volk retten von ihren Sünden«. Das ganze Geschehen wird schließlich als Erfüllung der alttestamentlichen Prophezeiung (Jes 7,14) dargestellt, was bereits bei Lukas anklang, aber nur hier bei Matthäus ausdrücklich erwähnt wird.

Der Evangelist Johannes berichtet von der Inkarnation des präexistenten göttlichen *logos* (Joh 1,1 ff.). Die Jungfrau Maria findet in diesem Zusammenhang keine Erwähnung. Der *logos*, der bereits bei der Erschaffung der Welt zugegen war und »ohne den nichts gemacht wurde, was gemacht ist«, kam als »das wahre Licht, das alle Menschen erleuchtet« in diese Welt. Er trug das Schicksal, von den Seinen weder erkannt noch aufgenommen zu werden. Die ihn aber aufnehmen, die macht er zu Gottes Kindern. Sie sind »nicht aus dem Blut noch aus dem Willen des Fleisches noch aus dem Willen eines Mannes, sondern von Gott geboren«. Der *logos*, das Wort das am Anfang war, der »eingeborene Sohn vom Vater« wurde »Fleisch«, ging ein in diese Welt und wurde Mensch. Die Einzelheiten dieser Inkarnation des göttlichen *logos*, des präexistenten Christus werden von Johannes nicht beschrieben. Selbst wenn er vom Motiv der Jungfrauengeburt gewusst hat, hält er es im Rahmen seines Berichtes für nicht erwähnenswert. Wichtig ist Johannes die *doxa*, die Herrlichkeit des Einziggeborenen. Er ist der Einzige seiner Art, der Sohn Gottes ohnegleichen. Es gibt viele Kinder Gottes, die aus Gott gezeugt sind. Aber niemand ist ihm gleich;

denn er ist als der Erstgeborene vor der Schöpfung der Welt aus Gott hervorgegangen. Während Matthäus den Stammbaum Jesu zu rekonstruieren versucht und den Nachweis der Abstammung aus dem Geschlecht Davids erbringen will, ist Johannes an seiner irdischen Abstammung überhaupt nicht interessiert. Auch Maria, die Mutter, die später in seinem Evangelium mehrfach an wichtigen Stellen erscheint, spielt bei der Darstellung seiner Menschwerdung keine Rolle. Der präexistente Christus kommt als Wort durch das Wort in diese Welt, das ist das Interesse der Darstellung bei Johannes.

III

Die altkirchlichen Dogmen der Gottesmutterschaft und Jungfrauenschaft Marias waren bei der Bekenntnisbildung der alten Kirche gewichtige Argumente in den christologischen Streitigkeiten. Bereits im Konzil von Ephesus im Jahre 431 wurde die Gottesmutterschaft Marias mit dem Begriff *theotokos* – »Gottesgebärerin« – festgeschrieben.[24] Der Bezeugung der wahren Gottheit Christi galt das wesentliche Interesse bei der Bezeichnung Marias als Gottesgebärerin, die das Konzil gegen Nestorius festlegte.

Den gleichen Sinn hat der Titel *semper virgo,* »allzeit Jungfrau«, der 649 im 1. Lateran-Konzil geprägt und Maria zugesprochen wurde. Die Begründung liegt darin, dass der vor aller Zeit vom Vater Geborene in den letzten Zeiten ohne Samen empfangen wurde (absque semine concepisse) aus dem Heiligen Geist, und Maria ihn rein gebar (incorruptibiliter eam genuisse)[25]. Der Titel *semper virgo* meint, dass Maria nicht nur »vor«, sondern auch »in« und »nach« der Geburt Jesu Jungfrau blieb. Jungfrauenschaft wird hier sozusagen als eine Existenzweise Marias beschrieben, die sie ganz und gar und immerwährend lebt und die sie als Habitus und als Haltung verkörpert. Wenn man sie nur als sexuelle Enthaltsamkeit beschreibt, wird sie eindeutig verkürzt verstanden.

Beide altkirchlichen Dogmen wollen keine selbständigen Mariendogmen formulieren, sondern innerhalb der christologischen Streitigkeiten die Gottheit Christi bezeugen.

Martin Luther lässt diese altkirchlichen Bekenntnisaussagen nicht nur weiter gelten, sondern gibt ihnen ausdrücklich Raum in seiner Christologie. Die wahre Gottheit Jesu ist für Luther ohne die Jungfrauenschaft Marias nicht denkbar. In seinem Sermon »Dass Jesus Christus ein geborener Jude sei«[26] verteidigt er gegenüber den Juden vehement das *semper virgo* mit der theologischen Begründung: Wenn der Sohn Gottes von einem Weibe geboren ist, muss es gewisslich eine Jungfrau sein, denn wie sollte aus einem männlichen Samen wirklich Gottes Sohn hervorgehen?[27] Es geht ihm nicht um Maria an sich, sondern um ihre Beziehung und Verbindung zum Heilsgeschehen. »Aber die Schrift preiset diese Jungfrau gar nicht um der Mutter willen. Sie ist auch nicht um ihrer willen Jungfrau erhalten, ja verflucht wäre diese und alle Jungfrauschaft, wo sie um ihrer willen da wäre und nicht besser sollt wirken denn ihr eigen Nutz und Lob. Aber dazu preiset der Geist diese Jungfrauschaft, dass sie vonnöten gewesen ist, diese gesegnete Frucht zu empfangen und gebären …«.[28] Wie in den altkirchlichen Bekenntnissen sind

Luthers Aussagen über Maria christozentrisch, sie sind Ausführungen im Rahmen seiner Christologie. Spekulative Aussagen über Maria, losgelöst von der Christologie und ohne biblisches Fundament, wie er sie in der spätmittelalterlichen Marienfrömmigkeit vorfindet, lehnt Luther ab.

Als Jungfrau und Gottesgebärerin ging Maria fortan in die Bekenntnisse der Kirche ein. Auf ältere Bekenntnisse zurückgreifend formuliert das Apostolische Glaubensbekenntnis von Jesus Christus: »empfangen durch den Heiligen Geist, geboren von der Jungfrau Maria«.

Über das Verständnis der Jungfrauenschaft Marias gab und gibt es in der Kirchen- und Dogmengeschichte bis in die jüngste Zeit hinein immer wieder heftigste Auseinandersetzungen.[29] Da Aussagen über die Jungfrauengeburt nach wie vor nicht zuerst als Aussagen über Maria, sondern über Jesus Christus als wahrer Mensch und wahrer Gott verstanden und diskutiert werden, berühren sie den Nerv des christlichen Bekenntnisses und Glaubens. Das Bekenntnis zur *virgo intacta* muss unberührt bleiben von biologischen Spekulationen.[30] Alle Aussagen des Neuen Testaments und der altkirchlichen Bekenntnisse in dieser Sache beschreiben bestimmte spirituelle Voraussetzungen und Haltungen, ohne die Gott nicht zur Welt kommen kann. Sie sind an der Gestalt Marias in besonderer Weise hervorgetreten und sollen im Folgenden dargestellt werden.

Maria ist in der biblischen Darstellung der Verkündigungsszene die demütige Magd des Herrn, das bescheidene Mädchen, die arme und unbedeutende Frau in einem verlorenen Winkel der Welt. Geistig und religiös dürfen wir sie im Kreis der frommen Frauen ihres Volkes und ihrer Zeit sehen. Die Verkündigungsgeschichte des Lukasevangeliums zeigt nun, was Gottes Gnadenmacht in einem einfachen Menschen Großes und Größtes wirken kann, wenn er in seiner Gnade sich herabneigt zur Niedrigkeit seiner Magd. »Und so hat diese Gnade in Maria bewirkt, dass sie glaubend in Freiheit die Menschwerdung des ewigen Gottes in sich selbst eingelassen hat, um diese letzte Nähe Gottes weiterzuschenken an die Welt.«[31] Die göttliche Gnade hat Maria erwählt, sie zur Partnerin in der Heilgeschichte gemacht und sie zur Einwilligung in das ungeheuerliche Geschehen der Menschwerdung Gottes befreit. Maria steht mit ihrer Einwilligung »Mir geschehe, wie du gesagt hast« (Lk 1,38) an einem einmaligen Punkt der Heilgeschichte mit universeller Bedeutung für alle Zeiten und Räume der Menschheitsgeschichte. Sie ist nicht die Gnade, sie ist auch nicht die Mittlerin, sie ist aber »die freie Annahme der Gnade und des Mittlers«[32]. So konnte die fleischgewordene Gnade zuerst in ihrem Glauben und dann in ihrem Leib Gestalt annehmen.

IV

Die Darstellung der Empfängnis Jesu durch die Jungfrau Maria wird in der Kunst des Spätmittelalters hin und wieder in einem Bildtypus dargestellt, der die Empfängnis durch das Ohr Marias zeigt. Durch Strahlen, manchmal auch durch einen Schlauch, wird dabei eine Verbindung zwischen dem Mund Gottes und dem Ohr Marias hergestellt. Auf dem Bild des unbekannten Malers des Passionsaltars in Netze (Waldeck) um 1400 gleitet das nackte Jesuskind mit einem kleinen

Passionsaltar in Netze. Unbekannter Meister. Foto: Gerhard Jost.

geschulterten Kreuz auf einem Licht- bzw. Energiestrahl, ausgehend vom Mund Gott-Vaters zum Ohr Marias, ihm voran der Heilige Geist in der Gestalt der Taube, der ihm den Weg weist bzw. die Bahn bricht. Gott-Vater hat die Hände vor dem Mund zu einem Trichter geformt und bläst den Jesusknaben in Richtung des Ohrs Marias. Auf anderen Abbildungen werden die Aufnahmebereitschaft und das Hören Marias in der Darstellung eines von ihrem Haar freigelegten manchmal übergroßen Ohres herausgehoben. Maria ist »ganz Ohr«, sie ist offen, das göttliche Wort mit dem Ohr zu empfangen. Das Altarbild des Netzer Malers zeigt vor allem die heilsgeschichtliche Dimension des Geschehens als Erfüllung der Weissagung Jesajas (9,5f.). Aus dem Stamm Jesse (hebr. *Isai*), dem Vater Davids, erwächst der Stammbaum Jesu, fest umschlossen vom alten Stammvater Isai, der in seiner archaischen Gestalt selbst die Wurzel des Stammes bildet. Aus diesem Stamm, der auch das Geschlecht Davids genannt wird, wird der Messias hervorgehen, den der Engel Gabriel ankündigt und den Maria empfangen und gebären soll. In der Krone des Baumes sitzt König David mit der Harfe.

Der unbekannte Künstler hat bildlich dargestellt, was bereits in der spätantiken Kirche feste Glaubensüberzeugung war: die Empfängnis des Gottessohnes durch das Ohr der Jungfrau. Ephraim der Syrer (um 306–373) sah bereits im Ohr ein Sinnbild für das »Fruchtbarwerden Marias aus dem Glauben«. Während Eva den Einflüsterungen der Schlange Gehör und Glauben geschenkt hatte, vertraut Maria dem göttlichen Wort. Wie durch die kleine Öffnung des Ohres Evas Tod und Verderben in die Welt gekommen sind, so hat durch das Ohr Marias das Leben die Welt betreten und sich in ihr ausgebreitet.

In einer Augustin zugeschriebenen Predigt heißt es: »Gott sprach durch den Engel und die Jungfrau wurde schwanger durch die Ohren.« Bernhard von Clairvaux (1090–1153) predigt: »Geschickt wurde der Engel Gabriel von Gott, um das Wort des Vaters durch das Ohr in den Geist und Schoß der Jungfrau zu entsenden, damit auf dem gleichen Weg das Gegengift eintrete, auf dem das Gift eingetreten war.« Wir begegnen hier dem Gegensatzpaar Eva – Maria, das an der Adam-Christus-Typologie ausgerichtet ist und Maria als die »neue Eva« darstellt. Dieses Motiv wird uns im Weiteren noch öfters begegnen. Maria, die »Gebenedeite«, die »voll der Gnade« ist, wird in ihrer Bereitschaft auf das Wort Gottes zu hören, der Ermöglichungsgrund für das Zur-Welt-Kommen des Erlösers. Alles beginnt damit, dass ein neues Hören geschieht und der durch das Gift der Schlange infizierte Gehörgang Evas, mehr noch: ihr Geist und Leib im neuen Hören Marias auf das göttliche Wort gereinigt und erneuert wird.

Es bleibt festzuhalten, dass altchristliche und mittelalterliche Künstler und Theologen mit der Darstellung der Empfängnis Jesu durch das Ohr der Jungfrau Maria keine physiologischen Vorgänge beschreiben wollen, sondern diese als Bilder und theologische Aussage verstehen: Das göttliche Wort, wenn es gehört und aufgenommen wird, besitzt die Kraft lebenschaffenden Samens.

Einerseits besaßen solche Bilder eine starke Symbolik, die von jedermann leicht verstanden werden konnte, andererseits waren sie theologisch missverständlich und gefährlich. Allein die Darstellung einer schlauchartigen Verbindung zwischen dem Mund Gottes und dem Ohr Marias konnte den Eindruck entstehen lassen, Gott habe sich eines Blasrohrs bedient, um der Jungfrau den göttlichen Logos ins Ohr zu blasen. Auch das Herabgleiten des nackten mit einem Kreuz geschmückten Jesuskindes auf einem von Gott zum Ohr Marias dringenden Strahlenbündel konnte beim Betrachter den Eindruck hervorrufen, es handele sich hier um einen physiologischen Vorgang, bei dem das Jesuskind seinen Körper bereits im Himmel voll ausgebildet zur Erde gebracht habe und nicht aus der »Substanz Marias« genommen worden sei. Das aber widersprach dem kirchlichen Dogma von der Fleischwerdung des göttlichen Wortes. Man wollte unter keinen Umständen der gnostischen Anschauung Raum geben, die bereits im zweiten nachchristlichen Jahrhundert aufkam, nach der Christus seinen Leib in vollkommen ausgebildeter Gestalt aus dem Himmel auf die Erde mitgebracht habe und durch Maria lediglich wie durch eine Röhre hindurchgegangen sei, ohne sich mit ihrem Fleische zu vermischen. Dies zu behaupten, kam der Leugnung der Menschwerdung Gottes gleich. Deshalb wurde dieses Bildmotiv von Papst Benedikt XIV. (1740–1758) aus theologischen Gründen verboten.

Gleichwohl bleibt die Metapher der *conceptio per aurem*, die in den Bildern mittelalterlicher Künstler aufgenommen und gestaltet wurde, eine interessante und spannende theologische Aussage. Dem göttlichen Reden entspricht das menschliche Hören. In diesem Hören geht es weniger um die Aufnahme einer Information, sondern um die ganzheitliche Aufnahme eines Wortes, das über das Ohr des Leibes, aber auch über das geistliche Hören eindringt in einen Menschen, ihn schwanger werden und in ihm Frucht wachsen lässt. Das eindringende Wort Gottes ist schöpfungsmächtig, es bewirkt, was es sagt. »Bei Gott ist keine Rede ohnmächtig«, so kann man die Antwort des Engels Gabriel auf die Frage Marias übersetzen. Es entfaltet seine Kraft, wenn es im Glauben gehört und aufgenommen wird.

V

Daraus ergeben sich einige wichtige spirituelle Aspekte. Zunächst ist noch einmal die theologische Aussage der Jungfräulichkeit Marias näher zu betrachten und ihre spirituelle Bedeutung herauszuarbeiten. Wenn es stimmt, dass Jungfräulichkeit im Verständnis der neutestamentlichen Berichte und der Theologie der Kirchenväter mehr ist als eine biologische Beschreibung, sondern vor allem »Botschaft davon, wie uns das Heil zukommt«[33], wenn sie »keine Aussage über ihren Familienstand, sondern über ihre Spiritualität«[34] ist, dann lohnt es sich, Einzelheiten dieser jungfräulichen Spiritualität näher zu betrachten.

Die Jungfräulichkeit Marias zeigt sich zunächst in jener Haltung der Offenheit und Verfügbarkeit. Dass sie in dieser Haltung Gott gegenübertreten kann, ist nicht zuerst ihr Verdienst, sondern ist begründet in der Erwählung Gottes. Sie ist die von Gott »Begnadete«, Gott ist in besonderer Weise mit ihr, so wird es ihr vom göttlichen Boten zugesagt. Ihre Offenheit und Verfügbarkeit ist durch göttliche Gnade in ihr gewirkt. In dieser Erwählung und Zurüstung für den besonderen Dienst vollzieht sich das geistliche Geschehen der Partnerschaft zwischen Gott und Maria. »Jungfrau kann Maria heißen, obwohl sie Mutter wird, nicht aufgrund asketischer Verleugnung ihres Geschlechts, sondern weil sie Gott dem Herrn ein neues, von väterlichem Recht und männlicher Herrschaft unabhängig gewordenes Leben nach dem Geist verdankt. Ihre Jungfräulichkeit ist ein Zeichen der neuen, Mann und Frau gleichstellenden Freiheit der Kinder Gottes, zu der Gott selbst durch seinen Geist befreit (Gal 4,6; Röm 8,15).«[35] Marias Jungfräulichkeit ist somit auch eine Bezeichnung ihrer menschlichen Unabhängigkeit und ihrer alleinigen Bindung an Gott. In ihrer neuen Aufgabe, Mutter des Erlösers zu sein, ist sie frei von aller männlichen Herrschaft und Bevormundung und allein Gott verpflichtet. Sie führt darin kein abgeleitetes Leben mehr, ihr Frausein und ihre Mutterschaft sind nicht begründet und bezogen auf ihre Beziehung zu Joseph, ihrem Verlobten, sondern ihre neue weibliche und spirituelle Identität gewinnt sie in ihrer Einwilligung in das geistgewirkte Geschehen der Befruchtung durch das göttliche Wort.

Maria bestätigt die göttliche Erwählung mit ihrer Einwilligung in das göttliche Handeln. Gott hat sie zur Partnerin in seinem Heilsplan bestimmt, sie gewürdigt in Freiheit ihre Zustimmung zu geben oder auch sich dieser Aufgabe zu verweigern.

An Maria kann man nun sehen, was Gott aus einem Menschen machen kann, wenn er sich ihm öffnet und zur Verfügung stellt. Wir sehen Maria »im Licht der Heiligen Schrift als die erste der neutestamentlich Glaubenden, als unsere Schwester im Dunkel und in der Helle des Glaubens, wir lesen aus ihrem Leben und aus ihrem Verhalten etwas von den Zumutungen, aber auch von den Liebeserweisen heraus, die Gott für den Menschen bereithält, der glaubt und der Ja sagt zu seinen Herausforderungen«.[36] Maria ist der Typus des erlösten Menschen, der auf der Seinsebene von Gottes Gnade bereitet wird, um Göttliches zu empfangen und zu gebären und der auf der Verhaltensebene hörend sich ausrichtet auf das Wort Gottes, betend und lobend ihm Antwort gibt (Lk 1,46–55) und sich Gott schließlich in einer radikalen Ganzhingabe zur Verfügung stellt: »Siehe, ich bin des Herrn Magd, mir geschehe, wie du gesagt hast« (Lk 1,38).

Wenn heute Spiritualität oftmals verkürzt nur als Selbstfindung und Selbstwerdung verstanden wird, wird diese radikale Haltung der Offenheit und Verfügbarkeit für den Willen Gottes vor allem als Zumutung verstanden, der man nicht bereit ist sich zu stellen. An Maria wird jedoch deutlich, dass erst in der Annahme der Zumutung, die die göttliche Erwählung für sie bedeutet, im Absehen von der eigenen Person, erst in der radikalen Hingabe an den fremden Willen Gottes, jene Selbstwerdung geschieht, von der Maria im Magnifikat (Lk 1,46–55) singt. Im Durchgang durch alle Selbstzweifel und Ängste kommt sie auch zu sich, findet sie zu sich selbst, darf sie sich freuen und jubeln, dass Gott Großes an ihr getan hat.

Maria ist in ihrer Spiritualität der Offenheit vor allem eine Hörende. Hörend empfängt sie das Wort Gottes, gibt ihm Raum in ihrem Herzen und in ihrem Leib.

Evangelische Theologie, die von der reformatorischen Erkenntnis *sola scriptura* herkommend immer wieder die zentrale Bedeutung des Wortes Gottes betont und evangelische Spiritualität, die besonderen Wert auf das Hören des Wortes Gottes legt und im persönlichen Lesen der Bibel und im Hören der Predigt eine zentrale Aufgabe und Haltung des Glaubens sieht, finden im Hören Marias ihr ureigenstes Thema. Von Maria können evangelische Christen vor allem das *meditative Hören* lernen, das das äußere Wort der Schrift und Predigt nach innen nimmt und »im Herzen bewegt« (Lk 2,19). Dies kann zu einem Übungsweg gestaltet werden, den evangelische Christen als Bibelleser, Predigthörer, aber auch als Meditierende neu entdecken können. Worte, die vor allem bedacht und auf einer kognitiven Ebene beleuchtet werden, d. h. im Kopf bewegt werden, können nicht in die Tiefen menschlichen Seins vordringen, wo Veränderung und Verwandlung der ganzen Person geschehen.

In einem Kanon, der gern in meditativen Übungen gesungen und rezitiert wird, heißt es:

Schweige und höre,
neige deines Herzens Ohr,
suche den Frieden.

Eine spirituelle Übung könnte z. B. darin bestehen, mit jenem Ohr des Herzens zu hören und dieses dem göttlichen Wort so entgegenzuneigen, dass Frieden (Schalom) im Inneren wächst. Solches meditative Hören kommt aus dem Schweigen. Dort wo immer nur geredet und gepredigt, aber selten oder nie geschwiegen wird in der Achtsamkeit und Aufmerksamkeit, die das göttliche Wort erfordert, kommt es zu keinem wirklichen Hören. Eine hilfreiche Methode des meditativen Hörens auf das Wort Gottes beginnt mit der unseren Vorfahren noch sehr geläufigen, in unserer Zeit aber eher vernachlässigten Technik des Auswendiglernens. Eigentlich müsste diese Technik »Inwendiglernen« genannt werden, so wie es im Englischen heißt: »learning by heart«. Ein Wort, das im Memorieren nach innen genommen wird, kann im Unbewussten und in den Tiefenschichten menschlichen Seins, auch unabhängig von bewussten Prozessen wirken, kann heilsame Wirkungen der Reinigung, Klärung und Erleuchtung im Inneren vollziehen und die ganze Person bis in die Leiblichkeit hinein heilsam bewegen und strukturieren. Wie das Samenkorn in das Dunkel der Erde fällt und dort den Augen verborgen seinen Weg geht, bis es verwandelt wieder als Licht kommt, so kann das nach innen genommene äußere Wort im Verborgenen wirken und Frucht bringen.

Maria hat, so sagt das 2. Vatikanische Konzil, Gottes Wort *in ihrem Herzen und in ihrem Leib* empfangen, d. h. die Empfängnis Jesu durch die Jungfrau Maria wird zunächst als ein personales (concepit mente) und erst dann als ein leibliches (ventre) Phänomen gedeutet.[37]

Der leiblichen Empfängnis geht also im Herzen Marias eine personale Begegnung, ein Empfangen im Herzen voraus, ein spirituelles Empfangen, das christlichen Glauben überhaupt charakterisiert. Wenn nicht »im Leib«, also in der Form leiblicher Schwangerschaft wie bei Maria, so doch »im Herzen« will der, der das schöpferische Wort Gottes selbst ist, von allen Menschen empfangen werden.

Bereits für die griechischen Kirchenväter Cyrill von Alexandrien und Gregor von Nyssa, die die Mariologie als mystische Theologie entfaltet haben, ist Maria ein Bild für die menschliche Seele, die in sich Christus wie in einem Mutterschoß empfängt und trägt, und ihn durch ein geistliches Leben in sich ausformt und zur Welt bringt. Dies bleibt ein zentrales Motiv mystischer Theologie und Spiritualität über Meister Eckhart bis hin zu Angelus Silesius (Johannes Scheffler), der in seinem »Cherubinischen Wandersmann« jenen viel zitierten Vers dichtet:

Wird Christus tausendmal zu Bethlehem geboren,
Und nicht in dir, du bleibst doch ewiglich verloren.

Auch Martin Luther nimmt in einer Predigt von 1520 dieses Motiv auf: »Deshalb, wenn diese Geburt uns soll zu Nutze kommen und das Herz wandeln soll, müssen wir das Exempel der Jungfrau in unser Herz bilden und ihr nachfolgen; denn es gibt keine andere Weise, es muß in unseren Herzen auch also zugehen, wie es ihr geschehen ist«.[38] »Also werden auch wir schwanger vom Heiligen Geist und empfangen Christus geistlich.«[39]

Schwanger werden durch das Wort Gottes mittels des Heiligen Geistes wird in der Tradition nicht als ein allein Maria vorbehaltenes exklusives Geschehen, sondern eine jedem Menschen mögliche Erfahrung beschrieben. Es geschieht in freier göttlicher Gnade, jedoch nicht ohne Einwilligung des Menschen. Neben dem sich Gott hinneigenden Hören als einer spirituellen Haltung und Übung braucht es die menschliche Einwilligung und Zustimmung zu diesem Geschehen. Es ist nicht die Einwilligung eines autonomen Subjekts, sondern eines vom Geist Gottes ergriffenen Menschen, der Ja sagt zum Handeln Gottes an ihm. Maria kann nur Ja sagen, weil das Wort und der Geist bereits mächtig in ihr sind. In allen Zeugnissen von Menschen, die sich auf das große Abenteuer der Gotteserfahrung einlassen, ist es allein die Gnade Gottes, die die Initiation in eine neue Seinweise und den dazu gehörenden Prozess der Verwandlung bewirkt. Gottes Erwählung wartet auf die Antwort des Glaubens.

War es nun wirklich Maria allein vorbehalten, Christus *leiblich* zu empfangen und können alle nach ihr Geborenen Christus nur im Geist bzw. im Herzen empfangen? Fromme Frauen des 13. und 14. Jahrhunderts, die Maria nachahmten, wollten die geistliche Schwangerschaft auch körperlich empfinden. In Träumen und Visionen fühlten sie sich als Mütter des göttlichen Kindes. Marias Körper, den Gott zum Ort und Träger seiner Menschwerdung gemacht hatte, wurde als Behältnis, Tempel, Zelt, Tabernakel oder Pyxis, in denen die konsekrierte Hostie aufbewahrt wird, verstanden und verehrt. Er lud zu Projektions- und Identifikationsprozessen ein, in denen Frauen auch in leiblichen Vollzügen ihre geistliche Schwangerschaft erleben konnten.[40]

Geistliche Erfahrungen brauchen den Leib als Resonanzboden, sie müssen sich verleiblichen, wie bei Maria inkarnieren, um beim Menschen wirklich anzukommen. Wenn das Evangelium, das Wort Gottes, wie Paulus sagt, eine *dynamis tou theou*, eine Energie Gottes (Röm 1,16) ist, die den ganzen Menschen bis in seine Körperlichkeit hinein erfasst und umgestaltet, dann muss dem menschlichen Leib als Resonanzraum der göttlichen Kraft und Energie neu Beachtung geschenkt werden. Nicht durch Nachahmung, Imagination, Identifikation oder emotionale Prozesse vollzieht sich leibliches Empfangen des göttlichen Wortes, sondern in einer Art spirituell-leiblicher Infusion göttlicher Energie. Dem entspricht eine spirituelle Haltung, die auch den Leib und nicht nur das Herz, die Seele oder eine diffuse Innerlichkeit als Ort dieses Geschehens ernst nimmt. Auch der Leib muss sich bereiten und präparieren für das Eingehen der göttlichen Energie (griech. *en-ergein*, das ist das, was von außen *in* den Leib *eingeht*). Identifikationen und Imaginationen sind eher psychologische und weniger religiöse Prozesse, die diffuse Emotionen auslösen und die Regungen des menschlichen Herzens auf Gott hin projizieren. Religiöse Erfahrungen hingegen sind Krafteinwirkungen, die den Menschen von außen her erreichen, die in ihn eingehen und ihn bis in seine Leiblichkeit hinein erfassen und auch körperliche Strukturierungen bewirken. Dieses Geschehen wird am deutlichsten leibhaftig und sinnlich fassbar im heiligen Abendmahl, wenn sich Jesus Christus mit den Elementen von Brot und Wein verbindet und durch den Genuss der heiligen Speise vom Kommunikanten leiblich inkorporiert wird. Dass im heiligen Mahl Gott auch mit dem Leib empfangen wird, ist unbestritten; dass dieser Empfang auch leibhaftige Auswirkungen hat, behauptet zumindest Paulus, wenn er die Korinther darauf hinweist, dass ein unrechtmäßiger Empfang des Leibes Christi bei ihnen zu mancherlei körperlichen Krankheiten, ja sogar bei einigen zum Tode geführt habe (1Kor 11,29 f.).

Da es neben dem Empfangen des Wortes Gottes im Herzen auch ein leibliches Empfangen des Wortes gibt, muss nicht nur das Herz auf dieses Geschehen vorbereitet werden, sondern auch der Leib in Prozeduren der Reinigung und Bereitung präpariert werden.

Fasten, beten, pilgern, sich bekreuzigen, knien, wachen u. a. sind leibliche Übungen, die den Leib bereiten für den Empfang des Wortes Gottes. Dass solche auf den Leib bezogenen Übungen in evangelischer Spiritualität eher vernachlässigt oder gar abgeschafft und als fromme verdienstliche Werke denunziert und bekämpft wurden, hat evangelischen Christen in ihrem Glaubensleben eher geschadet. Vieles davon wird nun in evangelischen Kreisen wieder eingeübt und praktiziert.

Maria als Vorbild des Glaubens zu sehen, fällt evangelischen Christen nicht schwer. Schwerer fällt ihnen jedoch die Würdigung ihrer Rolle in der Heilsgeschichte. Für eine Verehrung Marias als Jungfrau, die Gott ihren Leib geschenkt hat, damit Christus zur Welt kommen konnte, um uns zu erlösen, gibt es in evangelischer Frömmigkeit keine Sprache, keine Gebete, keine Rituale. Sie im Gebet persönlich anzureden oder gar als Fürsprecherin oder Fürbitterin anzusprechen ist für evangelische Christen in der Regel eine unüberwindbare Hürde. Zu groß ist die Angst, die alleinige Mittlerrolle Christi im Heilsgeschehen dadurch in Frage zu stellen. Luther konnte da noch ganz unbefangen mit Maria umgehen. Er erkannte ihre besondere Rolle im Heilsgeschehen an, was sich in einer großen Liebe und Verehrung zu ihr ausdrückte. In einem zentralen reformatorischen Bekenntnis werden zwar falsche Marienvorstellungen zurückgewiesen, aber dagegen auch festgestellt, dass »Maria, die Mutter Gottes für die Kirchen bittet«[41].

Nicht nur theologische Gründe scheinen heute evangelische Christen von einem unbefangenen Umgang mit Maria abzuhalten, sondern vor allem emotionale Prägungen und Jahrhunderte lange Sprachlosigkeit haben ihnen das Herz und den Mund verschlossen.

Einige ausgewählte Marientexte und -gebete aus der Geschichte der Kirche, die das Geheimnis der Empfängnis Jesu durch die Jungfrau Maria meditieren, wollen an dieser Stelle der protestantischen Sprachlosigkeit abhelfen und einladen, in das eine oder andere Gebet einzustimmen. Dabei können die Gebete eine neue Dimension bekommen, wenn man statt »Maria« »Du, meine Seele« betet.

Maria, du hast Gnade gefunden bei Gott.
Er bleibt in dir und du in ihm.
Du kleidest ihn in einen menschlichen Leib,
und er kleidet dich in seine Herrlichkeit.
Mit einer Wolke umkleidest du die Sonne,
und wirst selbst von der Sonne umkleidet.
Du bist voll der Gnade, reich an himmlischer Anmut,
dein geliebter Sohn ist dir Halt und Schutz;
er erfüllt dich mit Freude.

Bernhard von Clairvaux[42]

An dir, Maria, tritt die Stärke
und Freiheit des Menschen hervor.
Denn nachdem der große und erhabene
Ratschluss feststand,
wurde der Engel zu dir gesandt,
um dir das Geheimnis

dieses göttlichen Ratschlusses zu verkünden
und deinen Willen zu erkunden.
Ehe du nicht eingewilligt hattest,
stieg der Sohn Gottes nicht in deinen Schoß herab.
Er wartete an der Pforte deines Willens,
dass du ihm öffnetest,
da er zu dir kommen wollte.
Er wäre dort nie eingetreten,
hättest du ihm nicht geöffnet mit den Worten:
Ich bin die Magd des Herrn;
Mir geschehe, wie du es gesagt hast.
An deine Pforte, Maria, pochte die ewige Gottheit.
Hättest du aber die Tür deines Willens
Nicht aufgetan,
wäre Gott in dir nicht Mensch geworden.

Katharina von Siena[43]

Gegrüßet seist du Maria, voll der Gnade, der Herr ist mit dir.
Du bist gebenedeit unter den Frauen
und gebenedeit ist die Frucht deines Leibes Jesus,
den du vom Heiligen Geist empfangen hast.

Heilige Maria, Mutter Gottes, bitte für uns Sünder,
jetzt und in der Stunde unseres Todes.
Amen.

Aus dem freudenreichen Rosenkranz

VI

Nachdem bereits von der spirituellen Haltung des Hörens die Rede war, soll diese nun in einer Übung vorgestellt und zum Üben eingeladen werden.

Hören bedeutet mehr als nur Aufnehmen und Registrieren von Worten. Hören heißt in unserem Zusammenhang, sich ungeteilt einem Ruf aussetzen, sich ansprechen und anrühren lassen, sich öffnen für eine neue Wirklichkeit. Dieses aufmerksame Hören kann nicht erzwungen und gemacht werden. Aber wir können Voraussetzungen schaffen, indem wir äußerlich und innerlich zur Ruhe kommen und der Stille Raum geben.

Exerzitium des Hörens

- Ich sitze aufgerichtet, ganz im Augenblick gegenwärtig. Meine Füße haben Kontakt zum Boden.
- Ich spüre meinen Atem, wie er kommt und geht und überlasse mich meinem Atemfluss im Ein- und Ausatmen.
- Ich lese einen zuvor ausgewählten Bibelvers (z. B. die Tageslosung) mal laut mal leise mehrfach, vielleicht in verschiedenen Betonungen, ich gebe dem Wort der Schrift Laut und Raum.
- Ich reduziere den Bibelvers auf ein Wort, an dem ich hängen geblieben bin, das mich besonders anspricht (z. B. »Frieden«) und wiederhole es mal laut, mal leise, »verkoste das Wort von innen her« (Ignatius von Loyola).
- Ich verbinde das Wort mit meinem Ausatmen und lasse es mit jedem Ausatmen tiefer in mich sinken, so dass es sich in mir ausbreiten kann.

- Schließlich ruhe ich in dem Wort und lass es in mir wirken ohne Nachzudenken, ich ruhe im Resonanz- und Machtfeld des Wortes in Gelassenheit und Absichtslosigkeit.
- Ich beende die Übung mit einer Doxologie, z. B. »Ehre sei dem Vater und dem Sohn und dem Heiligen Geist, wie im Anfang, jetzt und alle Zeit und von Ewigkeit zu Ewigkeit. Amen«. Dabei kann ich mich bekreuzigen.

Das Wort Gottes, das ich so gehört, dem ich mich ausgesetzt, das ich in meinem Herzen bewegt habe, mit dem ich auf solche Weise schwanger gehe, wird mich weiter begleiten, wenn ich die Übung beendet habe. Es ist vielleicht in meine Seele gefallen, hat Tiefenschichten meines Unbewussten erreicht und wird dort weiterwirken, vielleicht ohne dass mein Bewusstsein davon etwas mitbekommt. Es wird meine Seele reinigen, erleuchten und nähren. Und irgendwann, wenn die Zeit reif ist, wird es geboren und Frucht sichtbar werden, wie immer das auch geschehen mag.

Herr, mein Gott, du hast zu mir gesprochen,
dein Wort hat mein Ohr und mein Herz berührt.
Dein Heiliger Geist hat ihm den Weg bereitet,
deine Kraft ist zu mir geflossen.
Dank sei Dir!
Lass dein Wort fruchtbar werden in mir,
reinige mich von allem Bösen,
erleuchte mich zur Erkenntnis deiner Wahrheit,
heile alle Verwundungen des Leibes und der Seele.
Dir sei Ehre und Ruhm in Ewigkeit. Amen.

3. Die Pilgerin

I

Das Fest *Mariä Heimsuchung*, das am 2. Juli gefeiert wird, hat seinen Ursprung in der Marienfrömmigkeit des Franziskanerordens, wurde 1263 eingeführt und erfreut sich beim Volk großer Beliebtheit. Auch im Festkalender der evangelischen Kirchen ist es zu finden. Gedacht wird an diesem Tag des Besuchs Marias bei ihrer Verwandten Elisabeth. Mit dieser Begegnung verbunden ist das Magnifikat, jener Lobgesang (Lk 1,46–56), in dem Maria die großen Taten Gottes preist und immer deutlicher zu verstehen beginnt, welche entscheidende Rolle sie selbst im Heilsdrama Gottes mit der Welt spielen wird.

Seinen Sitz im Leben hat dieses Fest in der menschlichen Sehnsucht nach Begegnung und Gemeinschaft. Einem Menschen so begegnen zu können, dass einem im Innersten etwas vor Freude »aufhüpft«, dass man das Geheimnis des anderen erkennt und mit dem anderen eins wird, das ist die Sehnsucht vieler. Wenn Menschen einander wirklich begegnen, dann verändern sie sich, dann gehen sie anders aus der Begegnung hervor. Echte Begegnung verwandelt. Da weckt die eine das Kind der anderen zum Leben und lässt es aufhüpfen. Da erkennt die eine in der anderen ihr Geheimnis, das sie übersteigt.

Begegnungen verlaufen natürlich nicht immer so harmonisch. Menschen erleben sich als Konkurrenten, vergleichen, messen sich aneinander, wollen einander imponieren und sich vergewissern, manchmal auf Kosten des anderen, manchmal in einem befruchtenden Wettstreit.

Echte Begegnung ist nicht machbar, kann auch nicht so inszeniert und arrangiert werden, dass sie gelingt. Begegnungen, die so dicht sind, dass man dabei an ein Geheimnis rührt, das eine neue Dimension des Lebens erschließt, sind nicht machbar, sondern immer Geschenk. Aber Mut zum Aufbruch, das Wagnis der Hingabe braucht es schon und die Bereitschaft, auch einen beschwerlichen Weg zu gehen. Maria übersteigt ein Gebirge, um zu Elisabeth zu gelangen. Oft liegen zwischen zwei Menschen Berge von Vorurteilen und Hemmungen, Berge von Gedanken, die sie abhalten, aufeinander zuzugehen. Man weiß nicht, ob der andere Zeit hat, ob ihm der Besuch gelegen kommt, ob man ihm zur Last fällt, ob man die richtigen Worte findet. Menschen müssen über das Gebirge ihrer Ängste und Blockaden und über die Berge ihrer Bequemlichkeit gehen, um wirklich beim anderen anzukommen. Nur so können sie die Schönheit und Andersartigkeit und den Reichtum der Verschiedenheit beim anderen entdecken und sich daran freuen.

II

Der Hinweis des Engels auf die Schwangerschaft Elisabeths veranlasst Maria, aufzubrechen und ihre Verwandte zu besuchen. Es gibt sicher verschiedene Motive für diesen Besuch. Zunächst wird es die Freude Marias gewesen sein, in Elisabeth nun einer vertrauten Mitschwangeren zu begegnen. Maria ist neugierig, sie will sich mit eigenen Augen von der Schwangerschaft der Unfruchtbaren und Hochbetagten überzeugen. Vielleicht sucht sie auch die Weisheit und Lebenserfahrung der Älteren. »Maria aber machte sich auf in diesen Tagen und ging eilends in das Gebirge zu einer Stadt in Juda« (Lk 1,39). Ihr Weg führt sie in das Gebirgsland Judäas, das von Negeb, der Wüste Juda und der Sephela umgrenzt ist. Der genaue Ort bleibt unbestimmt. Die altkirchliche Tradition nennt En Karim, sechs Kilometer westlich von Jerusalem. Die Schwangere macht sich auf einen beschwerlichen Weg von ca. 120 km aus der Ebene Galiläas in das Gebirge. Vier bis fünf Tage wird sie unterwegs gewesen sein. Elisabeth, vielleicht eine Mittvierzigerin, ist im sechsten Monat, als sie von ihrer jungen Verwandten besucht wird. Maria hingegen weiß erst seit kurzem, dass sie schwanger ist. Dies ist eine immer wiederkehrende Situation: zwei Frauen, die neugierig aufeinander und den Stand der Schwangerschaft der jeweils anderen sind, die sich gegenseitig ihre Freude mitteilen wollen. Für beide Frauen ist es die erste Schwangerschaft, die erste eindrückliche Erfahrung, dass der eigene Körper ein fremdes Leben zu tragen fähig ist, das ist eine der heftigsten Veränderungen im Erleben einer Frau. Und da stehen sie nun einander gegenüber, die ältere honorige Frau, die Frau eines Priesters und die junge, völlig unbedeutende Braut eines Zimmermanns.

Ihre Begegnung hat freilich eine weitere, tiefere Dimension, die den Charakter eines harmlosen Verwandtenbesuchs weit überschreitet. Maria und Elisabeth erscheinen hier als repräsentative Gestalten. Die junge Mutter repräsentiert den Neuen Bund, den Gott durch Jesus Christus mit Juden und

Heiden geschlossen hat. Die alte Mutter hingegen repräsentiert den Alten Bund, den Gott durch Mose mit Israel inmitten der Völker geschlossen hat. Während Elisabeths Schwangerschaft noch dem alten Paradigma von Kinderlosigkeit, Unfruchtbarkeit, vergeblichen Warten, hohen Alters, göttlicher Verheißung, Unglaube und Erfüllung[44] folgt, zeichnet sich in der Empfängnis Marias ein neues anderes Handeln Gottes ab. Elisabeth gehört auch im Zustandekommen ihrer Schwangerschaft noch in die alttestamentliche Typologie. Marias jungfräuliche Empfängnis des Verheißungsträgers folgt einem neuen Paradigma. Die Verunsicherung wird groß gewesen sein. In der Konkurrenz der Johannesjünger zu den Jesusjüngern ist sie noch zu greifen. Und so muss in der Begegnung beider Frauen die Frage geklärt werden, wessen Kind welche Bedeutung und Aufgabe im Heilsgeschehen übernehmen wird, mit welcher Macht und welchem Einfluss jedes Kind ausgestattet ist, und wie das Handeln Gottes in der bisherigen Geschichte seines Volkes mit dem sich abzeichnenden neuen Heilshandeln in Beziehung steht. Dies ist die erste Begegnung der Hoffnungsträger Israels. Noch ungeboren in den Leibern ihrer Mütter stehen sie einander gegenüber. Die Rollen scheinen durch die Verheißungen des Engels Gabriels klar verteilt: Johannes wird der Vorläufer (Lk 1,17) und Wegbereiter und Jesus »der Sohn des Höchsten genannt werden« (Lk 1,32). Die Mütter wissen jeweils um das Geheimnis ihres Kindes, nichts aber vom Geheimnis des anderen. Das gibt der Begegnung eine besondere Spannung.

Maria betritt das Haus des Zacharias, ihr Gruß gilt Elisabeth. Und nun geschieht etwas Erstaunliches: Marias Gruß löst eine heftige Lebensregung in Elisabeths Leib aus, »das Kind hüpfte in ihrem Leibe«. Während das biologische Leben sich in ihr regt, wird Elisabeth selbst vom Heiligen Geist erfüllt und dadurch zur Prophetin. Was ihrem Sohn verheißen ist, dass er schon im Mutterleib vom Heiligen Geist erfüllt wird, ist soeben auch in ihr geschehen. Der Gruß Marias, die selbst »voll der Gnade« und erfüllt vom Heiligen Geist ist, hat energetische Auswirkungen auf den Leib und Geist Elisabeths. Im Gruß Marias verdichtet sich göttliche Kraft und springt auf Elisabeth und ihr ungeborenes Kind über. Nun selbst erfüllt vom Geist ruft Elisabeth mit lauter Stimme, die Hinweis auf den prophetischen Charakter ihrer Worte ist: »Gesegnet (griech. *eulogein*, d. h. gut sprechen) bist du unter allen Frauen, und gesegnet ist die Frucht deines Leibes!« (Lk 1,42).[45] Elisabeth, die von Marias Schwangersein nichts sehen und auch nichts wissen kann, spricht in prophetischer Rede das Geheimnis aus. Was evangelische Exegeten gern übersehen, ist hier doch unübersehbar: Maria kommt unter allen Frauen eine besondere Würde zu: Sie ist die Gesegnetste unter allen Frauen. Freilich hat sie diese Würde nicht aus sich selbst heraus, sondern weil »die Frucht ihres Leibes gesegnet« ist. Es ist ganz deutlich: Die ältere Elisabeth beugt sich voll Ehrfurcht vor der jüngeren Maria: »Woher geschieht mir dies, dass die Mutter meines Herrn zu mir kommt?« Zum ersten Mal wird Jesus hier Kyrios genannt und von ihm mit dem persönlichen Bekenntniston »mein Herr« gesprochen. Hier wird deutlich gesagt, wer der Kyrios ist und wer ihn zur Welt bringen darf. Alle Zweifel finden in dieser prophetischen Rede ein Ende. Die Machtverhältnisse und Einflussmöglichkeiten sind geklärt. Das Kind der anderen ist der erwartete Retter und Maria ist unter allen Frauen herausgehoben und gewürdigt, seine Mutter zu sein. Maria wird schließlich in ihrem Glauben von Elisabeth selig gepriesen. Die bewegende Begegnung der zwei schwangeren Frauen ist Bestätigung und Vergewisserung der bereits ausgesprochenen Verheißungen des Gottesboten.

Nachdem Maria durch Elisabeth selig gesprochen, d. h. ermächtigt wurde, ihre Größe und besondere Stellung im Heilsplan Gottes anzunehmen, ahnt sie etwas vom Geheimnis ihrer Erwählung und antwortet mit dem »Magnifikat« (Lk 1,46–55), dem großen Loblied auf die Heilstaten Gottes. Das Lied, der Form nach ein Dankgebet nach gewonnener Schlacht, entstammt der israelischen Psalmendichtung und hat möglicherweise seinen Ursprung bei den Täuferkreisen und den Leuten von Qumran.[46] Maria nimmt das Lied auf und bezieht es auf ihre eigene besondere Situation: »Er hat die Niedrigkeit seiner Magd angesehen. Siehe, von nun an werden mich selig preisen alle Kindeskinder« (V. 48). Ihre Seele (*psyche*) und ihr Geist (*pneuma*) sind berührt und ergriffen vom Heiligen Geist, ihr innerer Mensch bricht durch zum Lob und zur Anbetung: »Gott hat mich, die Niedrige, erwählt, indem er seinen Blick auf mich gerichtet hat«. Ganze Menschengeschlechter werden sie darum selig preisen. Und nun werden die großen Taten Gottes beschrieben, die seinem Erbarmen entspringen. Die Krafttaten Gottes entfalten sich als Umkehrung der Machtverhältnisse und sodann als Umkehrung der Besitzverhältnisse. Dieses eschatologische Geschehen beginnt mit der Erwählung Marias und setzt sich fort in der Wirksamkeit ihres Sohnes (Lk 4,18–21; 6,20–27 u. a.), der selbst als der Erniedrigte zu Gott als der

Kyrios erhöht wird (Phil 2,8 f.). Solches Handeln Gottes entspricht den Verheißungen, die die Väter im Glauben empfangen haben. Die Worte des Magnifikat haben sich in Maria und ihrem Sohn erfüllt. Sie, die sich eine »Magd des Herrn« nannte, »wurde zum Leitbild für Unabhängigkeit, Stärke und Freiheit. Sie wurde zum Leitbild jener Hingabe und Demut, die alle ihre Seinsmacht dem Heilswirken ihres Sohnes schenkt«.[47]

III

Das Fest Mariä Heimsuchung ist für Luther wohl das Marienfest, das ihm die wenigsten Probleme bereitet. Zwar lehnt er die päpstliche Interpretation als Anti-Türken-Fest ab, wegen seiner Wertschätzung des Magnifikat hat er aber keine Schwierigkeiten, das Fest zu einem Lob- und Dankfest für Gott umzudeuten, bei dem auch Maria ihre Würdigung zukommt: Lehrerin, Doktorin, Prophetin ist Maria, ihr soll man das Magnificat nachsingen lernen.[48]

In der Auslegung von Lk 1,48 kommt Luther zu einer Uminterpretation der ihm bekannten Mariologie: Allein deshalb, weil Gott die Niedrigkeit seiner Magd angesehen hat, wird sie selig gepriesen. Der Grund ihres Seliggepriesenwerdens ist Gottes gnädiges Ansehen und nicht ihre Demut als verdienstliches Werk: »›Weil er angesehen hat‹ usw. hat er mich so groß gemacht, dass die Welt von mir sagen wird: Selig bist du, liebe Jungfrau Maria. Ists nicht Zeit, dass du auch einmal hoffärtig werdest, weil die ganze Welt doch sehr rühmt? Sie antwortet: Nein. Ich weiß, dass mich alle loben werden, doch will ich nicht hoffärtig sein, sondern mich daran freuen, dass er mich angesehen hat. … Ich war gar nichts. Und der Gott, der Himmel und Erden geschaffen hat, tut seine Augen über mich auf. Konnte er nicht finden die großen Jungfrauen? Nein, derselben wollte er keine. … Ich bin gar nichts, ich habe aber alles von seinem Ansehen«.[49] Maria ist also nach Luther der von Gott in seiner Niedrigkeit angesehene Mensch, der in seiner Niedrigkeit und Armut durch das Ansehen Gottes seine Würde empfängt. Das Ansehen Gottes ist die Quelle, aus der sich das Menschsein des Menschen speist, mehr noch: aus dem ihm Gnade im Sinne eines Kraftstromes zufließt. Gott hat die Niedrigkeit seiner Magd angesehen, und dieses Ansehen hat sie erfüllt mit Heiligem Geist und dem göttlichen Logos. Maria ist transparent auf Gott hin geworden. Deshalb vertraut der Glaube nach Luther nicht auf Maria, sondern durch sie hindurch auf Gott, deshalb verehrt der Glaube Gott in Maria. Mit dieser Interpretation von Lk 1,48 verwirft Luther eine Marienverehrung, die die Erwählung Marias zur Mutter Gottes in ihrer Demut und in ihrem Glauben begründet sieht. Nicht Maria ist zu vertrauen, sondern allein Gott, der Maria gnädig anschaut und ihr so, ohne ihr eigen Verdienst und Würdigkeit, ihre Würde als Frau und als Mutter Gottes zuerkennt.

Maria und Elisabeth. Initiale »D« des *Graduale Cisterciense* aus dem 14. Jahrhundert (Ausschnitt). Quelle: Badische Landesbibliothek Karlsruhe.

IV

Im *Graduale Cisterciense* aus dem 14. Jahrhundert[50] findet sich als Initiale eine Darstellung der Begegnung Maria und Elisabeth mit ihren noch ungeborenen, aber sichtbaren Kindern. Diese Darstellung gehört zu einem vorwiegend deutschen Bildtypus, bei dem zur Verdeutlichung der Gottessohnschaft Jesu und zur Gottesmutterschaft Marias als zusätzliche Kennzeichen des gesegneten Zustandes die beiden ungeborenen Kinder in Schoß oder Brust der Frauen abgebildet erscheinen.

Die von einem unbekannten Maler gefertigte Initiale »D« des *Graduale Cisterciense* zeigt Maria und Elisabeth in der Begrüßungsszene, wie sie einander den Arm um die Schulter legen und die Hände reichen. In ihrer Brust sind jeweils ihre Söhne abgebildet, beide – wie auch ihre Mütter – bereits mit Heiligenschein. Während Jesus mit der rechten Hand sich segnend Johannes zuwendet, erhebt dieser die Hände, um Jesus anzubeten. Am Bildrand kniet anbetend eine fromme Nonne, die das Besondere der Begegnung erkennt und auf ihre Weise würdigt. Diese Szene der Begegnung will zeigen, wer der Größere der beiden auserwählten und wunderbar empfangenen, aber noch ungeborenen Söhne sein wird. So ist diese gemalte Begegnungsszene wie auch der biblische Bericht Ausdruck einerseits der Zuneigung, andererseits aber auch der Konkurrenzsituation der beiden Frauen und ihrer Kinder und der hinter ihnen stehenden religiösen Gruppen.

Für die typologische Darstellung und Deutung der Heimsuchungsgeschichte ist die Erkenntnis wichtig, dass Maria und Elisabeth als Repräsentantinnen unterschiedlicher religiöser Gruppen zu verschiedenen Zeiten verstanden wurden. Während Elisabeth einerseits die Täufergemeinde um Johannes, aber auch die judenchristlichen Gemeinden und die gesamte jüdische Tradition repräsentiert, ist Maria die Repräsentantin der Jesusjünger, der heidenchristlichen Gemeinden und insgesamt des eschatologischen Einbruchs der in Tod und Auferstehung Jesu Christi begründeten Heilsgeschichte und später der ganzen Kirche. In der Begegnung dieser beiden Repräsentantinnen liegt eine hohe Brisanz und Spannung. Es ist trotz aller friedlichen und freundlichen Worte und Gesten eine Konkurrenzsituation zweier unterschiedlicher religiöser Wege und Traditionen, die hier einander begegnen. Die Konkurrenz wird aber nicht in ihrer Spannung, sondern bereits in ihrer Auflösung, d. h. in der eindeutigen Klärung der Machtverhältnisse, dargestellt. Jesus ist als der Segnende bereits in seiner Heilsbedeutung herausgestellt, während Johannes ihm anerkennend die Ehre gibt, indem er ihn anbetet.

V

Die vom Geist empfangene Seele kann und will nicht bei sich selber bleiben, sie braucht das Gegenüber, sie sucht die Begegnung. Das in Leib und Seele eingesenkte göttliche Wort will in Bewegung kommen und sich mitteilen. Dem Schwangerwerden durch das Wort folgt nun das Schwanger*gehen* mit dem Wort. Dazu braucht es den Aufbruch. Aufbrechen ist der erste Schritt, um Abschied zu nehmen, sich für gewisse Zeit aus Bindungen, Geborgenheiten und Gewohnheiten zu lösen, um in die Fremde zu gehen. Eine noch unbestimmte Sehnsucht setzt sich im Aufbrechen in Bewegung oder ein göttlicher Ruf ist so mächtig, dass er den Aufbruch evoziert. Das Alte und Neue Testament sind voll von Aufbruchgeschichten, angefangen von Abraham bis hin zu den Berufungsgeschichten der Jünger Jesu. Aufbrechen, das bedeutet zunächst, aus dem familiären und beruflichen Alltag herausgehen, den gewohnten Lebensrhythmus, festgefahrene Vorstellungen oder einengende Bedingungen für eine gewisse Zeit zu verlassen. Ich begebe mich in die Fremde, lasse mich auf Unbekanntes ein und muss mich neu orientieren. Ich bin angewiesen auf Offenheit, Zuwendung und Gastfreundschaft anderer. Aufbrechen – das ruft Unsicherheit hervor, das ist aber auch Chance, Altes loszulassen und Neues zuzulassen. Im deutschen Wort »aufbrechen« steckt etwas Gewalttätiges. Wer aufbricht, in dem kann etwas aufbrechen wie die Schale einer Nuss oder wie der Ackerboden, aus dem die neue Frucht hervorbricht. Manchmal sind solche Aufbrüche schmerzhaft, dabei aber auch beglückend. »Maria brach auf[51] in jenen Tagen und wanderte in Eile in das Gebirge zu einer Stadt in Judäa« (Lk 1,39). Ca. 120 Kilometer mühevollen Weges liegen vor ihr. Maria bringt bei dieser Wanderung ihren schwangeren Leib in Bewegung und macht ganz konkrete leibliche Erfahrungen, die man sich gut vorstellen kann, auch wenn Lukas darüber nichts berichtet. Wir ahnen etwas von der Mühe des Weges, von Hitze und Kälte, dem Ausgesetztsein gegenüber der Natur, von Gefahren am Wege, aber auch von Erfahrungen der Freiheit und Weite und Gastfreundschaft am Wege. Etwas davon klingt in einem volkstümlichen Marienlied aus dem 19. Jahrhundert an:

Maria durch ein Dornwald ging, Kyrie eleison,
Maria durch ein Dornwald ging,
der hat in sieben Jahren kein Laub getragen.
Jesus und Maria.

Was trug Maria unter ihrem Herzen? Kyrie eleison.
Ein kleines Kindlein ohne Schmerzen,
das trug Maria unter ihrem Herzen.
Jesus und Maria.

Da haben die Dornen Rosen getragen, Kyrie eleison,
als das Kindlein durch den Wald getragen,
da haben die Dornen Rosen getragen.
Jesus und Maria.[52]

Marias Wanderung ist kein Spaziergang, sondern ein mühevoller Pilgerweg. Sie geht durch unwirtliche Landschaft, aber sie geht zuversichtlich, zielorientiert und voller Kraft. Der Dornwald, der »in sieben Jahren kein Laub getragen« hat, erblüht in ihrer Gegenwart. Dornen tragen Rosen, wenn die Mutter Gottes ihr »kleines Kindlein ohne Schmerzen … unter ihren Herzen« pilgernd durch das Land trägt. Kraftvolle Wirkungen gehen von ihr aus, »Ströme lebendigen Wassers fließen« (Joh 7,38) von ihrem Leib und verwandeln das Gestrüpp des Dornwaldes in Rosen. So erneuert sich die Schöpfung und erblüht zu voller Pracht unter dem Pilgerschritt der Mutter und Christusträgerin Maria.

Pilgern als Spiritualität des Unterwegsseins wird in unseren Tagen neu entdeckt. Nach dem manchmal mühevollen Aufbruch geht es beim Pilgern um ganz konkrete Wegerfahrungen, die immer auch ein Hinweis auf innere, geistige Erfahrungen sind. »Je mehr man unterwegs das Verhältnis zum Ausgangsort klärt, desto mehr kommt der Weg selber in den Blick, der Weg im Sinne der Bewegung. Der Mensch geht den Weg, bis alles in ihm geht und er diese Bewegung gleichsam ist. Er geht den Weg und der Weg geht ihn. Der Weg als Prozess des Loslassens, Zwischenseins und Ankommens kommt ins Gehen, ins Gelingen, ins Glücken. Jetzt ist das Ziel nicht mehr weit, selbst wenn es noch Stunden oder Tage entfernt liegt.«[53] Wer pilgernd unterwegs ist wie Maria, klärt seine Beziehung zu seiner Herkunft und zu seinem Ziel, zur eigenen Vergangenheit und Zukunft. Unterwegs zeigt sich, wer er/sie ist, im Angesicht Gottes und für sich.

»Der Mensch wird am Du zum Ich«, sagt Martin Buber und weist damit auf die Bedeutung zwischenmenschlicher Begegnung hin. Wie bereits auf dem Weg Klärungen und Orientierungen geschehen, so auch in der konkreten zwischenmenschlichen Begegnung. Maria und Elisabeth sind Verwandte, aber das ist nicht die Basis ihrer Begegnung. Es ist eine spirituelle Basis, auf der sie sich begegnen. Die zwischenmenschlichen Rituale ihrer Begegnung (Gruß, Umarmung, Segen) sind aufgeladen durch die Gegenwart des Heiligen und zeigen starke energetische Wirkungen. Der Gruß der einen bewirkt das »Aufhüpfen« des Kindes der anderen. Heiliger Geist und prophetische Begabung werden durch einen Gruß übertragen. Der Segen und die Seligpreisung der einen bewirken bei der anderen den Ausbruch eines Lobpreises. Hin und her fließen die spirituellen Kräfte, sie schaffen Klärung, Ermutigung, Vergewisserung und Lobpreis.

Die Seele, die vom Heiligen Geist empfangen hat, die schwanger geht mit dem göttlichen Wort, die noch nicht geboren hat, kann u. U. in große Anfechtung geraten. Wer bin ich? Und was ist das, was in mir neu begonnen hat aufzukeimen? Wie verhält sich die neue zu den bisherigen spirituellen Erfahrungen? Wie wird die Seele durch alle Anfechtungen hindurch ihrer neuen Berufung gewiss? Weil sich die Seele das aus Zweifeln befreiende Wort nicht selber sagen kann, braucht sie das fremde Wort, das Wort eines/einer anderen, und dieses Wort hört sie im zugesprochenen Wort des seelsorgerlichen Gespräches oder der Predigt. Die Seele braucht die Klärung der Frage, wie sich Altes und Neues zueinander verhalten, wer und was jetzt und künftig die Macht und das Sagen haben.[54] Mit ihrem Besuch bei Elisabeth muss Maria die Frage klären: Wer bist du und dein Sohn und wer bin ich und mein Kind? Auch Elisabeth muss diese Frage für sich klären und auch die Hörer des Evangeliums. Geklärt wird diese Frage nicht durch Studium und Auslegung der Thora und Heiligen Schriften, sondern in einer Begegnung durch prophetische Erkenntnis und Rede unter Einfluss des Heiligen Geistes. Auch das ist ein Kennzeichen des Neuen, das nun aufbricht. Göttliche Offenbarungen sind nicht mehr an die Thora gebunden, sondern geschehen in der Kraft des Heiligen Geistes, wie die Propheten des Alten Bundes es in ihren Weissagungen bereits angedeutet haben (Joel 3).

Finden sich die zwei Repräsentantinnen der Heilsgeschichte – Maria und Elisabeth – auch in der Seele wieder?

Und welche Erfahrungen repräsentieren sie dort? Wenn an Maria zu sehen ist, wie Gott in der Seele empfangen und geboren wird, dann haben wir es in der Geschichte vom Besuch Marias bei Elisabeth mit einer Zwischenstation zwischen der Erfahrung der Empfängnis und der Geburt in der Seele zu tun. Die Zeit dazwischen, die Zeit der geistlichen Schwangerschaft, die – wie jede schwangere Frau weiß – auch eine Zeit der Anfechtung, des Zweifels und der Angst ist, braucht die Ermutigung und Vergewisserung in den manchmal lebensbedrohlichen Fragen und Umständen. Sie braucht den Zuspruch: »Gesegnet bist du unter allen Frauen (Seelen) und gesegnet ist die Frucht deines Leibes ... Selig bist du, die du geglaubt hast!« (Lk 1,42.45) Das kann sich die Seele nicht selber sagen, das muss ihr zugesprochen werden. Und nur so wird sie ihrer Berufung und ihres Weges gewiss. Eine weitere Frage ist, wie das Neue, das da in Seele und Leib in Bewegung gekommen ist, sich zu den bisherigen religiösen Erfahrungen verhält. Die Seele, die wie Maria auf wundersame Weise Göttliches empfangen hat, oder die, wie Paulus in seinem Damaskuserlebnis (Apg 9), so machtvoll aus der Bahn gerissen wurde, sucht und braucht Vergewisserung und Orientierung. Spirituelle Berufungs- und Offenbarungserlebnisse, so unvermittelt sie auch in Menschenleben einbrechen, haben immer eine Vorgeschichte. Sie treffen auf eine ganz bestimmte Vorerfahrung und Vorprägung, einen spirituellen Verstehens- und Interpretationshorizont. Elisabeth und mit ihr Johannes der Täufer sind Repräsentanten dieser religiösen Vorerfahrung, die in Zustimmung oder Überwindung von der Seele bearbeitet und verarbeitet werden muss. Theologische Erwägungen, Bestätigungen, Vergewisserungen, aber auch Korrekturen und Infragestellungen helfen, die neuen Erfahrungen zu verarbeiten und in die bisherige religiöse Erkenntnis einzuordnen. Verarbeitung und Integration neuer spiritueller Erfahrungen in den bisherigen Bezugs- und Deutungshorizont ist eine wichtige Aufgabe. Dabei zeigt sich oft, dass es Anknüpfungspunkte gibt, die helfen, die Kontinuität der göttlichen Gnade und Zuwendung im eigenen Leben zu entdecken. Neue geistliche Erfahrungen haben aber auch immer Elemente in sich, die das alte Bezugs- und Deutungssystem sprengen können und notwendigerweise ein neues Paradigma eröffnen. Solche Vergewisserungs- und Deutungsprozesse muss die Seele in Auseinandersetzung mit den bisher gemachten Erfahrungen durcharbeiten. Das kann in strenger theologischer Arbeit notwendig geschehen, aber auch durch geistgewirkte Inspiration, die in einer tiefen menschlichen Begegnung geschenkt wird. Immer wird jedoch der Heilige Geist diesen Prozess initiieren und begleiten.

Der von Gott gerufene Mensch weiß, manchmal erst nach langem Suchen, wer er selber ist und was Gott in ihm und durch ihn wirkt. Wenn er aber zu dieser Erkenntnis durchbricht, kann er nur in den Lobpreis des Volkes Gottes einstimmen und seine Befreiungs- und Erneuerungserfahrungen im Zusammenhang des Handels Gottes an seinem Volk erkennen und preisen wie Maria es im Magnifikat (Lk 1,46–55) tut. Der Kirchenvater Ambrosius sagt: »In jedem von uns sei die Seele Marias, damit wir den Herrn ehren; in jedem von uns sei der Geist Marias, damit wir Gott preisen«[55].

Das Magnifikat hat in der Geschichte der Spiritualität viele Rezeptionen erfahren. Eine im protestantischen Kontext bis heute weit verbreitete und prägende Rezeption und Interpretation des Magnifikat ist die Kantate »Herz und Mund und Tat und Leben« von Johann Sebastian Bach aus dem Jahr 1716, zum Fest Mariä Heimsuchung am 2. Juli komponiert. Der von Salomo Franck und Martin Jahn verfasste Text interpretiert das Magnifikat christologisch und streicht seinen Bekenntnischarakter heraus.

Der Chor eröffnet die Kantate:

Herz und Mund und Tat und Leben
muss von Christo Zeugnis geben
ohne Furcht und Heuchelei,
dass er Gott und Heiland sei.

Maria (Alt-Arie) singt:

Schäme dich, o Seele, nicht,
deinen Heiland zu bekennen.

Und die Kantate gipfelt schließlich im bekannten Schlusschoral:

Jesus bleibet meine Freude,
meines Herzens Trost und Saft,
Jesus wehret allem Leide,
Er ist meines Lebens Kraft,
meiner Augen Lust und Sonne,
meiner Seele Schatz und Wonne;

darum lass ich Jesum nicht
aus dem Herzen und Gesicht.

Diese protestantische Adaption des Magnifikat in der Zeit der beginnenden Aufklärung in Deutschland ist ein Zeugnis für eine evangelische jesusorientierte Spiritualität, die in Maria ein Vorbild der gläubigen Seele sieht, die Jesus in der Welt bekennen will.

Gegrüßet seist du Maria, voll der Gnaden, der Herr ist
mir dir.
Du bist gebenedeit unter den Frauen
und gebenedeit ist die Frucht deines Leibes Jesus,
den du zu Elisabeth getragen hast.
Heilige Maria, Mutter Gottes, bitte für uns Sünder,
jetzt und in der Stunde unseres Todes.
Amen.

Aus dem freudenreichen Rosenkranz

VI

Das Pilgern wird als religiöse Übung und spirituelle Erfahrung in unseren Tagen wiederentdeckt. Vielfältig sind die Motivationen, die Anlässe, die konkreten Wege und Ziele. Fast alle Religionen kennen die Wallfahrt zum heiligen Ort bzw. die religiöse Übung des Unterwegsseins. Pilgern ist auf vielerlei Weisen möglich. Die Grundform des Pilgerns ist jedoch das Gehen, das auch als Meditation aufgefasst und gestaltet werden kann. Das Gehen ist die älteste und bis heute solideste Form der Fortbewegung: der Erde verbunden, nah am Boden, mit allen Sinnen im Kontakt zur Schöpfung. Von dieser urmenschlichen Grund- und Fortbewegungsart ausgehend möchte ich folgende Übung empfehlen:

Exerzitium des Gehens

- Allen schöpferisch tätigen Menschen, besonders aber spirituell Suchenden, ist zu raten, *möglichst oft* (z. B. jeden Tag eine Stunde) *allein in der Schöpfung gehend unterwegs zu sein*. Nicht der Schreibtisch, die Werkstatt oder gar der bequeme Sessel ist Ort der Klärung und Inspiration, schon gar nicht die sitzende Haltung, sondern vielmehr das Gehen in der Schöpfung.
- Ich kann beim Gehen die Erfahrung machen, dass ich frei werde von Furcht und Begehren. Belastendes aus der Vergangenheit, aber auch Zukünftiges, das schon nach mir greift, können im Gehen abfallen. Ich kann mich von belastenden Gedanken und Gefühlen gehend entfernen. Dies geschieht nicht durch willentliche Anstrengung, sondern z. B. so:
  - Ich nehme meinen Atem wahr und kehre dadurch zu mir selbst zurück. Ich bin in der Wahrnehmung meines Atems ganz im Augenblick gegenwärtig.
  - Nun kann ich meinen Schritt verlangsamen und jeden Schritt bewusst tun, indem ich einen Fuß langsam mit der Ferse aufsetze und abrolle. Dabei nehme ich den Augenblick wahr, wo dieser Fuß das ganze Gewicht meines Körpers trägt bevor der andere Fuß mit der Ferse

aufsetzt usw. So gehe ich im Hier und Jetzt in großer Achtsamkeit.[56] So kann ich aus jedem Schritt eine Menge Energie und Achtsamkeit gewinnen.
- Nach einiger Zeit gehe ich wieder in einem normalen Schritttempo, versuche aber die Achtsamkeit für das Hier und Jetzt zu bewahren.

Dieses Gehen in gesammelter Aufmerksamkeit und Achtsamkeit hat eine befreiende, reinigende und klärende Wirkung auf Leib und Seele und das Unterbewusstsein. Wenn sich während der Übung oder danach Gedanken, Intuitionen, »Erleuchtungen« usw. einstellen, ist das schön, dies ist aber nicht Ziel der Übung.

Mit einem Wort, einem Gedanken schwanger gehen, heißt: die Lösung noch nicht zu haben. Es erfordert vielmehr ein geduldiges Warten, bis das »Kind« geboren wird.

Herr, mein Gott, in die Tiefe meiner Seele hast du dein Wort gesenkt.
Seine Gestalt und sein Sinn sind mir noch verborgen und nicht zu greifen.
Unaussprechlich ist es in mir,
doch ich spüre seine Kraft.
Heiliges erfüllt meinen Leib und meine Seele.
Gepriesen bist du, Herr, mein Gott
und gepriesen sei die Frucht meines Leibes.
Gib mir Geduld zu warten, bis die Frucht reif ist.
Amen.

4. Die Mutter (Gottesgebärerin)

I

Das *Natale Domini*, die altrömische Feier der Geburt Jesu Christi, ist um 330 n. Chr. erstmals begangen worden. Bald wurde im Westen der 25. Dezember als Datum der Geburt Jesu festgelegt. Die Ostkirche hingegen feiert ab der Mitte des vierten Jahrhunderts am 6. Januar Epiphanie, Erscheinung des Herrn.[57] Zum Abschluss der Oktav des Weihnachtsfestes, des Festes der Geburt Christi, hat die römische Kirche schon recht früh am 1. Januar ein Fest gefeiert, das Maria als Gottesmutter besonders ehrte. Dieses Fest wurde in der Liturgiereform des 2. Vatikanischen Konzils wieder eingeführt. »Bei der Neuordnung des Weihnachtsfestkreises will es Uns scheinen«, so schreibt Papst Paul VI. 1974 in seinem Apostolischen Schreiben »Marialis Cultus«, »dass die gemeinsame Aufmerksamkeit auf das wiedereingeführte Fest der heiligen Gottesgebärerin Maria hingelenkt werden muss …, um den Anteil feierlich herauszustellen, den Maria bei diesem Heilsgeheimnis innehatte sowie die einzigartige Würde zu betonen, die sich hieraus für die ›heilige Gottesgebärerin ergab … durch die wir den Urheber des Lebens empfangen durften‹«.[58]

Eine besondere Würdigung des Anteils Marias an der Menschwerdung des Gottessohnes in Gestalt eines eigenen Marienfeiertages ist im evangelischen Festtagskalender nicht vorgesehen.

»Wir preisen die Mutterschaft der seligen Jungfrau Maria und beten an ihren Sohn, Jesus Christus, unsern Herrn«, so lautet der Eröffnungsvers im Stundengebet der römisch-katholischen Kirche an diesem Tag. Das Hochfest der Gottesmutter Maria betrachtet das Geheimnis der Menschwerdung Gottes von Maria aus. In diesem Fest wird nicht nur die Geburt Jesu aus der Mutter, sondern das Geheimnis der Mutterschaft selbst gefeiert. Die biblischen und liturgischen Texte des römischen Hochfestes der Gottesmutter am 1. Januar entfalten die Bedeutung der Mutterschaft Marias: »in ihrem Herzen« und »in ihrem Schoß« hat Maria das Wort empfangen, so heißt es in Anspielung auf das Geheimnis der Verkündigung durch den Erzengel Gabriel im Tagesgebet der römischen Messfeier. »Hier klingt noch einmal die grundlegende Überzeugung katholischer Marienverehrung an, dass Maria das Wort Gottes *corde et corpore* empfing: in ihrem Herzen und in ihrem Leib, d. h. zunächst in der Bereitschaft ihres Herzens, und in dieser Bereitschaft des Herzens wurde sie auch leibliche Mutter Jesu. So ist sie auch in der Einzigartigkeit ihrer Berufung zur Gottesgebärerin Urbild und Vorbild aller, die das Wort Gottes mit ›gutem und aufrichtigem Herzen‹ aufnehmen und ›Frucht bringen‹ (Lk 8,15) und dadurch zur ›Mutter‹ Jesu werden (Lk 8,21).«[59] So feiert die Gemeinde Maria, um selbst Maria, Mutter Gottes, zu werden.

Mutter wird man nicht erst durch das Gebären, Mutter ist man bereits mit der Empfängnis. Mutterschaft beginnt lange vor dem Gebären und ist mit der Geburt nicht beendet. Mutter bleibt man ein Leben lang. Dennoch ist das Gebären eine, wenn nicht gar die entscheidende Erfahrung der Mutterschaft.

Im dramatischen Geschehen der Geburt erblickt das Licht der Welt, was zuvor im Dunkel empfangen wurde und im Verborgenen gewachsen und gereift ist: ein Kind, eine Idee, ein Wort, eine Tat etc. Gebären heißt: etwas aus sich hervorbringen, Frucht bringen. Und geboren werden heißt: ans Licht kommen, ein eigenes Wesen werden, in der Verbindung mit der Mutter bzw. dem Ursprung immer mehr eigenständig werden.

Die Seele, die durch den Heiligen Geist empfangen hat, kann Gott gebären, d. h. zur Welt bringen, kann den Glauben, kann Früchte des Glaubens hervorbringen. In der gebärenden Seele gewinnt etwas Gestalt, was zuvor noch keine Gestalt hatte, was noch undeutlich, was Gedanke, Idee oder Wort war. Das Wort wird Fleisch, gewinnt eine Gestalt, bekommt Hand und Fuß, wird sichtbar. Wenn die Seele Gott geboren hat, wenn das Unsichtbare Gestalt gewonnen hat, herrscht Freude und Glück.

Mutterschaft ist mit der Geburt noch lange nicht vollendet. Die Probleme bleiben bzw. werden größer. Das, was das Licht der Welt erblickt hat, will nun genährt und gepflegt, behütet und gefördert und auch wieder losgelassen werden, bereitet Schmerzen, fordert Opfer und Hingabe.

Maria wird durch die Entscheidung des Konzils von Ephesus im Jahre 431 *theotokos* (Gottesgebärerin) genannt. Der Entscheidung voraus ging u. a. eine Auseinandersetzung um die Frage, ob es erlaubt sei, die heilige Jungfrau »Gottesgebärerin« zu nennen. Den Hintergrund des Konzils bildete jedoch der Streit, der in der östlichen Kirche gegen Ende des vierten Jahrhunderts über den Austausch der Attribute zwischen den zwei Naturen Christi (communicatio idiomatum) aufgekommen war. Die theologische Auseinandersetzung spaltete die gesamte Ostkirche. In besonderer Weise betraf sie die antiochenische und die alexandrinische Schule, vertreten durch Nestorius und Cyrill, die Patriarchen von Konstantinopel bzw. Alexandrien. Nestorius, antiochenisch geprägt, wollte die Wirklichkeit der menschlichen Natur Christi wahren und tendierte dahin, ihre Union mit der göttlichen Natur wie eine Art »Einwohnung« oder moralische Einheit zu betrachten. Er behauptete daher, dass die Attribute der menschlichen Natur und diejenigen der göttlichen Natur nicht untereinander ausgetauscht werden können. Des Weiteren macht er Vorbehalte gegen den Begriff der *theotokos* geltend, den er in einem heidnischen Kontext für zweideutig hielt und den man abschaffen müsse oder nur in der Kombination mit dem Ausdruck *anthropotokos* (Menschengebärerin) gelten lassen dürfe. Nestorius bevorzugte den Ausdruck *Christotokos* (Christusgebärerin). Cyrill hingegen behauptete den Vorrang des Gott-Logos, der Fleisch annimmt, sowie die innere Einheit zwischen menschlicher und göttlicher Natur, womit sowohl die Idiomenkommunikation gerechtfertigt war wie die Rede von Maria als *theotokos*. Das Konzil entschied mehrheitlich für die Position Cyrills, verurteilte die Lehre des Nestorius und leitete disziplinarische Maßnahmen gegen ihn ein. Die Entscheidung besaß ihren Wert vor allem in den christologischen und soteriologischen Aussagen. Darüber hinaus ist die mariologische Bedeutung dieses Konzils nicht zu unterschätzen. Der von den Konzilsvätern feierlich gebilligte zweite Brief des Cyrill an Nestorius (epistula dogmatica), der als konform mit dem Bekenntnis von Nicäa bestätigt wurde, enthält drei Maria betreffende Abschnitte. Zum einen wird festgestellt, dass das Wort »dem Fleische nach aus dem Weibe geboren worden ist«, was aber nicht bedeute, dass »seine Gottheit aus der Jungfrau ihren Ursprung genommen hätte«; doch solle man auch nicht denken, dass ein Mensch aus ihr geboren sei »und dass danach das Wort auf diesen herabgestiegen sei«. Der dritte Abschnitt ist eine Folgerung aus dieser christologischen Glaubensaussage: »daher war es für sie [die Konzilsväter] von jedem Zweifel frei, die heilige Jungfrau *theotokos* nennen zu können«.[60] Es heißt, die Frage, ob Maria Gottesgebärerin sei oder nicht, hätte die ganze Bevölkerung bewegt. In den Schenken, auf den Marktplätzen und Straßen hätten sich die Gemüter am Dafür und Dagegen erhitzt. Und als ihr dann der Titel »Gottesgebärerin« verliehen wurde, tanzten die Menschen von Ephesus vor Freude auf den Straßen und Plätzen und feierten sie. Cyrill schreibt in einem Brief: »Mit Fackeln geleitete man uns zu den Wohnstätten. Es war Nacht. Die Freude war allgemein und die ganze Stadt war beleuchtet; die Frauen gingen mit Weihrauchfässern vor uns her«.[61]

Dass der Titel *theotokos* Maria gerade in Ephesus verliehen wurde, mag sich aus den theologischen und kirchenpolitischen Konstellationen jener Tage erklären. Der Ort Ephesus hat aber insofern eine besondere Bedeutung, weil gerade hier der Kult der *Großen Mutter*, die Verehrung der Göttin Diana stark verbreitet war. In der Apostelgeschichte 19,23 ff. wird berichtet, wie der Apostel Paulus und seine Mitstreiter in Ephesus mit dem Goldschmied Demetrius und seinen Genossen, die mit großem Gewinn kleine silberne Tempel der Göttin Diana[62] herstellte, in Konflikt kamen. Die von Demetrius aufgewiegelte Menge sah in der Verkündigung des Paulus eine Provokation. Demetrius und seine Genossen befürchteten materielle Einbußen im Devotionalienhandel und so drängten sie Paulus und seine Mitarbeiter aus der Stadt. Der »neue Weg« (Apg 19,23), den Paulus verkündigte, wurde zumindest von den meisten Bewohnern von Ephesus als bedrohlich für den hoch im Kurs stehenden Kult der Göttin Diana angesehen. Paulus hat offenbar nicht wie in Athen (Apg 17) versucht, an die vorhandene Kultpraxis anzuknüpfen.

Ca. 380 Jahre später wird im Konzil von Ephesus mit der Bezeichnung »Gottesgebärerin« Maria in einen Zusammenhang mit Vorstellungen der in Ephesus verehrten Muttergottheit gebracht. Ob sich dieser Zusammenhang nur in nominalen Analogien und ikonographischen und kultischen Entsprechungen zeigt, oder ob jetzt, wie der evangelische Theologe Fr. Heiler behauptet, der Marienkult eine heidnische Unterwanderung des Christentums darstellt und Maria eine Ersatzgestalt für die Muttergottheit ist,[63] ist eine interessante Frage, die hier nur kurz bedacht, aber nicht abschließend erörtert werden kann. Wie bei allen religiösen Inkulturationsprozessen die Anknüpfung der neuen Religion an die großen Themen und Rituale der bereits vorhandenen Religion Spannungen erzeugte, so hat sich auch die nach dem Konzil von Ephesus immer stärker werdende Marienverehrung in Übernahme und Abgrenzung von Motiven der großen Muttergott-Religionen entwickelt. Die Tendenz, Maria als Göttin anzusehen, verschafft sich bereits im vierten

Jahrhundert innerhalb christlich häretischer Gruppen Ausdruck, wie bei den Markioniten und den Kollyridianern. In den Entscheidungen des Konzils von Ephesus hingegen kann man m. E. keine »heidnische Unterwanderung des Christentums« behaupten.

»Ohne Zweifel ist die Marienverehrung ein christliches Phänomen, das an die Verkündigung des Evangeliums gebunden ist. Zugleich kommt sie aber ebenso der Neigung des Menschen entgegen, eine weibliche religiöse Dimension zu entdecken, die dem Bedürfnis nach einer Mutter, zumal in gefahrvollen Situationen, Genüge tut. Im Mittelmeerraum war der Kult der *Großen Mutter* überaus verbreitet und wird daher zwangsläufig, abgesehen von den Differenzen in Inhalt und Bedeutung, die Durchsetzung des Kultes der *Theotokos* beeinflusst haben.«[64] Alle Kulte der *Großen Mutter* (Magna Mater) haben als Grundmuster die Fruchtbarkeit und variieren dieses in ihren zeitlichen und regionalen Ausbildungen. Als Göttin der Liebe und Fruchtbarkeit tritt Inanna um das Jahr 3000 v. Chr. in Mesopotamien an der Seite des Gottes Dumuzi auf, der mit ihr die Heilige Hochzeit vollzieht und als sterbende und auferstehende Fruchtbarkeitsgottheit verehrt wird. Die semitische Muttergöttin Istar ist von ihrem Grundmuster eine typische Fruchtbarkeitsgottheit, als Phänotyp ist sie die Königin des Himmels und Schutzgöttin des Menschen. Sie besitzt außerdem – wie Maria – eine partheno-gynaikische Funktion, d. h. sie ist Jungfrau und Mutter zugleich. Beide Aspekte bildeten für ihre Verehrer keine Gegensätze. Im Alten Ägypten ist Isis die beherrschende Muttergöttin. Auf dem Thron sitzend wird sie als Himmelskönigin verehrt. Als Gattin des Osiris wird sie zum Urbild ehelicher Treue, aber auch zum Inbegriff mütterlicher Liebe. Sie wird oft mit ihrem Sohn Horus, der auf ihrem Schoß sitzt, dargestellt. Der Isiskult erlangte in hellenistischer Zeit eine große Ausdehnung und Verbreitung. Händler, Seefahrer, Soldaten und Sklaven verbreiteten die Isisreligion im gesamten Mittelmeerraum, ja bis an die Rhone, den Rhein und die Donau. Zur Magna Mater des Kults aber wurde Kybele, die »Mutter aller Götter und Menschen«. Sie feierte das Volk, allen voran der Männerbund der Korybanten, wild und ekstatisch.[65] In enger Verbindung zu Kybele steht schließlich die Göttin Diana, die in Ephesus verehrt wurde (Apg 19,23 ff.).

Erich Neumann, ein Schüler C. G. Jungs versucht nachzuweisen, wie sich der Elementarcharakter des Weiblichen, wie er in der Verehrung der großen Mutter zu Tage tritt, im Lauf der Menschheitsgeschichte wandelt und sich in einer Art Geistwandlung die »Mysterien des Weiblichen« immer mehr herausbilden und in der Psyche des Menschen Gestalt gewinnen. »So entfaltet sich vor uns eine großartige Welt weiblicher Kultur-, aber auch Machtentfaltung, welche in immer neuen Kreisen des Numinosen und Faszinierenden sich um das Große Weibliche legt, das als Gottheit die Mitte der Frauengruppe und das Selbst der Einzelpsyche darstellt. Während anfangs das Bild des Großen Weiblichen als Göttin … den Menschheitshorizont erfüllte, tritt mit fortschreitender Entwicklung die irdisch-menschliche Verwalterin dieses Numinosen und ihre Trägerin, die Frau als Manafigur, in den Vordergrund und dann in den Mittelpunkt des menschlichen Bewußtseins.«[66] Ebenso wandeln sich auch alle mit der Großen Mutter in Verbindung stehenden elementaren Vorgänge in geistige Mysterien. In den eleusinischen Mysterien beispielsweise erweist sich die Geburt als eine gewandelte Geburt und der Sohn, den die Göttin Kore gebiert, als ein besonderer Sohn, nämlich als der Lichtsohn, als das göttliche Kind.[67] In Alexandrien wurde im Koreion, dem der Göttin Kore geweihten Heiligtum, die Geburt des göttlichen Kindes gefeiert und zwar am Tag der Wintersonnenwende, der Geburt des neuen göttlichen Lichtes.[68] Die im Christentum relativ späte Datierung der Geburt Jesu auf den 25. Dezember, der Zeit der Wintersonnenwende, ist eine bewusste Anknüpfung an diese heidnische Vorstellung und will Jesus, das göttliche Wort, als »das wahre Licht, das alle Menschen erleuchtet, die in diese Welt kommen« (Joh 1,9) darstellen.

Dass Maria und die Geburt des göttlichen Kindes im Kontext der Mysterienreligionen verstanden werden können, ist auf Grund der vielen ähnlichen Motive deutlich. Darüber hinaus ist die archetypische psychische Welt, die in der Vielgestalt der Großen Mutter auftaucht, eine Hintergrundsmacht, die auch heute noch in verschiedenen Variationen die Psyche des modernen Menschen, insbesondere der Frau, bestimmt.[69]

Für den Nachweis von unmittelbaren Kontinuitäten zwischen den verschiedenen Kulten der Großen Mutter und des Marienkultes, wie er sich nach dem Konzil von Ephesus 431 immer mehr herausbildet, gibt es keine aussagekräftigen Quellen. Wenn man aber an die geschichtliche Wirksamkeit von psychischen Archetypen denkt, die – unter welchen Formen und Gestalten auch immer – nach einer Muttergottheit verlangen und diese auch hervorbringen, ergibt sich eine tiefenpsychologische Verbindung zwischen der Großen Mutter, Maria und der Psyche des modernen Menschen.

Auf der lehrmäßigen und dogmatischen Ebene freilich wurden vermeintliche Anknüpfungen und inhaltliche und formale Ableitungen von heidnischen Kulten natürlich vermieden. Die Kirchenväter haben nicht versucht, Zusammenhänge und Gemeinsamkeiten zwischen der Großen Mutter und Maria, der Gottesgebärerin, herzustellen. Sie waren da eher um Abgrenzung und Betonung des unverwechselbar Christlichen bemüht. Wer Maria, die Mutter des göttlichen Erlösers, verehrte, konnte nicht zugleich Isis anbeten und sein Schicksal der Repräsentantin einer dem Christentum wesensfremden Götterwelt in die Hände legen.

Maria, die Gottesgebärerin ist nach den Lehrentscheidungen der Konzilien keine Göttin. Aber durch die Empfängnis durch den Heiligen Geist und die Geburt des göttlichen Logos ist sie in einen Prozess der Verwandlung, einige sagen der »Vergöttlichung«, geraten. L. Boff, der die Vergöttlichung Marias mit dem Wirken des Heiligen Geistes an ihr begründet, sagt: »Maria ist Mutter Gottes, nicht nur weil ihr Sohn Jesus Gott ist, sondern auch weil Maria mitsamt ihrer Fähigkeit, Mutter zu werden, völlig von Gott dem Heiligen Geist ergriffen wurde. Dieser verwandelte ihre Mutterschaft in göttliche Mutterschaft«.[70] Die Vorstellung, dass ein Gefäß, das einen kostbaren Inhalt birgt, durch diesen selbst eine Verwandlung erfährt, oder dass ein Mensch, der das göttliche Wort in sich trägt, gleichsam selbst Anteil an diesem im Sinne einer Vergöttlichung erhält, ist zumindest nach Paulus nicht zwangsläufig so. Wenn er von dem göttlichen Licht und dem »hellen Schein in unseren Herzen« spricht, so betont er zugleich: »Wir haben aber diesen Schatz in irdenen Gefäßen, damit die überschwängliche Kraft von Gott sei und nicht von uns« (2Kor 4,6f.). Auch Maria bleibt ein irdenes Gefäß, in das Gott seinen Schatz gelegt hat. Es scheint angemessener, hier nicht von Vergöttlichung, sondern von Heiligung zu sprechen, die jeder vom Heiligen Geist Ergriffene erfährt. Dabei wird der Mensch durchaus in der Ganzheit seines Wesens auf Gott hin verwandelt. Im Prozess der Heiligung geschieht Verwandlung und Annäherung an das Göttliche und in diesem Sinne kann man vielleicht in aller Vorsicht auch von Vergöttlichung sprechen, weil der Mensch immer mehr dem gleich wird, von dem er ergriffen wurde.

II

Das Neue Testament kennt die Bezeichnung »Gottesgebärerin« für Maria nicht. Sie wird dort »Mutter Jesu« (Mt 2,11.21; 13,55; Lk 2,48.51; Joh 2,1; 6,42; 19,25 26) oder »die Mutter meines Herrn« (Lk 1,43) oder »Jungfrau, die empfangen und den Immanuel, das heißt: Gott mit uns, gebären wird« (Mt 1,23) genannt.

Matthäus beginnt sein Evangelium mit dem Stammbaum Jesu (1,1 17). In dreimal vierzehn Gliedern (V. 17) zieht er eine genealogische Linie von Abraham über David bis Jesus, um diesen als den erwarteten Davididen und Messias darzustellen. Da ihm die Jungfrauengeburt bekannt und vorgegeben war, hat Matthäus Mühe, das Verhältnis Josefs zu Jesus in dieser Zeugungslinie zu bestimmen. Etwas umständlich heißt es: »Jakob zeugte Josef, den Mann der Maria, von der geboren ist Jesus, der da heißt Christus« (V. 16). Es wird also bewusst vermieden, Josef als den leiblichen Erzeuger Jesu darzustellen. Jesus wird vielmehr von Josef adoptiert (1,18 25). Im Stammbaum Jesu erscheinen, was sonst nicht üblich war, außer Maria noch vier Frauen: zwei Huren, eine Ehebrecherin und eine Ausländerin bzw. Heidin. Es ist nicht klar, was sie mit Maria gemein haben. Sind es Kontrastfiguren zu Maria oder soll hier gar Maria mit irgendeinem Makel in Verbindung gebracht werden? Es bleibt eine erstaunliche Tatsache, dass im Stammbaum Jesu, der hier als Messias dargestellt werden soll, fünf Frauen genannt werden, die zudem mehrheitlich einen zweifelhaften Ruf hatten. Maria, die später mit Ehrentiteln überhäuft wurde, ist in dieser messianischen Genealogie eine passive Randfigur in zweifelhafter Gesellschaft. Ihre Schwangerschaft ist vom Heiligen Geist (V. 18), der alle menschlichen Genealogien sprengt. Sie ist als Jungfrau auserwählt, die Verheißungsgeschichte der Geburt des Immanuel zu erfüllen (V. 23).

Lukas, der »marianische Evangelist«, wie er auch genannt wird, der ein besonderes Interesse an Maria zeigt, stellt die Geburt Jesu (2,1 20) durch die Zeitangaben hinein in die Regional- und Universalgeschichte und weist dadurch auf die Bedeutung dieses Geschehens für Israel und die Menschheit hin. Das Zeugnis der Engel (2,13 f.) und der Hirten (2,8 12.15 18) sowie die Reaktion Marias darauf (V. 19 f.) geben Aufschluss über die heilsgeschichtliche Bedeutung des neugeborenen Kindes.

Der Fokus soll in dieser Geschichte auf Maria gerichtet werden. Sie wird als »Verlobte Josefs« (V. 4) vorgestellt. In

Bethlehem gebiert sie ihren ersten Sohn. Die Bezeichnung *prototokos* (erstgeboren) unterscheidet ihn von späteren Kindern der Maria, unter denen er als der Erstgeborene der Älteste ist (Mk 6,3; Lk 8,19; Apg. 1,14). Das Kind wird gewickelt und in eine Futterkrippe gelegt, »denn sie hatten sonst keinen Raum in der Herberge« (V. 7). In unzähligen Bildern, Krippenspielen, Meditationen und Predigten ist diese Szene dargestellt und betrachtet worden. Immer wieder wird die Ärmlichkeit der Verhältnisse, unter denen Maria das Kind zur Welt bringen musste, herausgestellt. Dabei bleibt Maria das junge jüdische Mädchen aus Nazareth, das selbst nicht so recht begreifen kann, was die Hirten von den himmlischen Heerscharen über dieses Kind zu berichten wussten. Nichts Göttliches, nichts Übernatürliches scheint hier zu sehen zu sein. Von außen, von den Hirten, dringt die unglaubliche Botschaft an ihr Ohr. Wie Elisabeth, so werden ihr nun die Hirten zum Zeichen, dass hier Gott am Werk ist, seine Verheißung auszuführen. »Maria aber behielt alle diese Worte und bewegte sie in ihrem Herzen« (V. 19). Sie bewahrt alles und fügt zusammen (griech. *symballo* = zusammenwerfen/-bringen) in ihrem Herzen, was ihr Gott zugesagt hatte und was ihr seitdem Schritt für Schritt begegnet war. Im Herzen zusammenfügen bzw. zusammenhalten, was der Verstand nicht begreifen kann, das ist eine Grundbewegung der Meditation und Kontemplation. Maria ist in dieser Haltung die Meditierende schlechthin. Sie, die vom Geist Kontemplierte, hat geboren. Die Geheimnisse bleiben und wollen im Herzen bewahrt werden.

Die von den Evangelisten Matthäus und Lukas erzählten Geburtsgeschichten Jesu haben im Blick auf Maria nichts göttlich Glänzendes. Hier wird nicht auf Goldgrund gemalt, wie spätere Künstler es mit Vorliebe tun, sondern von harten Realitäten und lebensgefährlichen Bedrohungen wird berichtet. Maria erscheint durch die Geburt in ihrem Äußeren und in ihrem Wesen nicht vergöttlicht. Vielmehr bleibt sie »irdenes Gefäß« (2Kor 4,7), aus dem Gott etwas Kostbares hervorgebracht hat. Das Marienbild, das die Evangelisten in ihren Geburtsgeschichten Jesu zeichnen, steht somit in einer gewissen Spannung zu der Marienverehrung, die mit dem Titel »Gottesgebärerin« auf dem Konzil von Ephesus begonnen hat. Es reichte damals offenbar nicht, Maria als »Mutter Jesu« wie im Neuen Testament, oder als »Mutter Gottes« wie in früheren Bekenntnissen zu bezeichnen. Man wollte diese Titel noch einmal überbieten und in der Bezeichnung »Gottesgebärerin«, die das Geheimnis der Mutterschaft Marias auf die Geburt konzentriert, die Radikalität der göttlichen Inkarnation betonen und die Rolle Marias in diesem Geschehen anerkennen und sie ehrend herausstreichen.

III

Die altkirchliche Mariologie ist christozentriert. Das Abweichen von dieser Christozentrik machen Protestanten der römischen Lehre zum Vorwurf. Luther hat die beiden altkirchlichen Mariendogmen von der Gottesmutterschaft[71] und der immerwährenden Jungfrauenschaft[72] nicht nur weiter gelten lassen, sondern ihnen ausdrücklich den notwendigen Raum in seiner Christologie gegeben. Die wahre Gottheit Christi wird für ihn im Bekenntnis zur *theotokos* bezeugt. In seinen zahlreichen Marienpredigten und -betrachtungen stellt Luther immer wieder heraus, welche Größe und Würde Maria um ihrer Gottesmutterschaft willen zukomme: »Die ›großen Dinge‹ sind nichts anderes, als dass Maria Gottes Mutter geworden ist. In diesem Werk sind ihr so viele und große Güter gegeben, dass sie niemand begreifen kann. Denn daraus kommt alle Ehre und alle Seligkeit; daraus kommt es, dass sie innerhalb des ganzen Menschengeschlechtes eine einzigartige Person ist über alle. Niemand ist ihr gleich, weil sie mit dem himmlischen Vater ein Kind, und zwar ein solches Kind hat. … In einem Wort hat man darum alle ihre Ehre zusammengefasst: wenn man sie nämlich ›Gottes Mutter‹ nennt; es kann niemand Größeres von ihr noch zu ihr sagen …«.[73] Für Luther ist entscheidend, dass Maria diese Ehre nicht um ihrer selbst willen zukommt. Sie hat diese Ehre nicht um ihrer Verdienste als Mutter willen, sondern allein deshalb, weil Gott sie gnädig angesehen hat. Es geht letztlich auch nicht um sie, sondern um Christus. In einer Weihnachtspredigt weist Luther die Hörer sogar weg von Maria hin zu Christus: »Der Sohn ist geboren, liegt in der Krippe. Die Mutter ist eine Jungfrau. Warum hat Gott das getan? Dann antwortet die Vernunft: damit die Gottesgebärerin verehrt und wie ein Götzenbild angerufen wird. Wie kommt die Mutter zu der Ehre? Doch der Text spricht nicht von der Ehre Marias, sondern sagt: ›Ich verkünde euch große Freude. Er ist geboren.‹ Er weist uns auf Christus, dass wir die Mutter sollen vergessen«.[74] Für Luther kommt Maria wirklich alle Ehre zu, aber allein deshalb, weil Gott »die Niedrigkeit seiner Magd angesehen« (Lk 1,48) hat, wie es im Magnifikat heißt, und nicht wegen ihrer Verdienste, die sie sich in ihrer Mutterschaft und Demut erworben haben könnte. Maria hat alle Ehre, aber es ist Gottes Ehre, die ihr als eine *reverentia aliena* zugesprochen wird. Es geht Luther nicht nur negativ um die Abgrenzung der Ehre Marias gegen die Christi, sondern auch positiv darum, »dass die reverentia aliena die höchste für ein menschliches Wesen denkbare Ehre ist. Eine Verehrung, die Maria mit Gott verwechselt, macht sie zur Abgöttin, zum Nichts, ist also gar keine Ehre. Sondern: Wenn es zum Wesen des Menschen gehört, dass er überhaupt keine eigene Ehre (reverentia propria) und gar nichts aus sich selbst haben kann, dann ist es gerade das Größte, Gott Gott sein zu lassen und demütig die reverentia aliena als solche, nämlich als geschenkte Gerechtigkeit anzuerkennen.«[75]

In Luthers Weihnachtsliedern fällt der Blick auf die natürlichen Beziehungen von Mutter und Kind, auf die wahrhaft menschliche Mutter, die eine Jungfrau ist und auf das wahrhaft göttliche Kind, das Gottes Sohn ist. In dem Lied »Gelobet seist du Jesu Christ«[76], dessen erste Strophe vorreformatorisch ist, dichtet Luther: »Den aller Welt Kreis nie beschloß, / der liegt in Marien Schoß; / er ist ein Kindlein worden klein, / der alle Ding erhält allein. Kyrieleis.« (V. 3). Hier drückt sich mehr staunendes Anbeten als theologische Reflexion aus. Das Mysterium, dass Gott Mensch wird, wird in engen Zusammenhang gebracht mit der, die in dieser Zeit und auf dieser Erde seine Mutter war.

IV

Auf frühchristlichen Denkmälern des 3. und 4. Jahrhunderts, nämlich auf römischen Sarkophagen und Katakombenbildern, begegnet Maria nur innerhalb von christologischen Szenen: im Weihnachtsbild und bei der Anbetung der Magier. Zu Grunde liegen im Wesentlichen die neutestamentlichen Texte verbunden mit Jes 1,3. Die selbständigen Bilder von Maria, der Gottesmutter, entwickeln sich erst später.

Eine besondere Rolle für die Marienikonographie scheint Ägypten zu spielen, wo die Darstellung der *Maria Lactans* (die Nährende bzw. Stillende) häufig vertreten ist, z. B. in den Kapellen von Bawit und Sakkara, deren Beziehung, ja vielleicht Herkunft vom Motiv der Isis Lactans immer wieder diskutiert wird, aber nicht eindeutig nachgewiesen werden kann.

Aus den selbständig gewordenen Marienbildern entwickeln sich die verschiedenen Ikonen, deren Typen, Entstehung und Verbreitung sowie Verwandtschaft untereinander ein eigenes Forschungsgebiet bilden. Mehrere »Urbilder« sind dem Maler Lukas zugeschrieben oder gelten als *archeiopoietos,* d. h. nicht von Menschenhand gemacht.

Die wichtigsten gebräuchlich gewordenen Bezeichnungen und Typen der byzantinischen Marienikonen sind:

1. *Maria Lactans* – Galaktotrophusa, die Nährende: Maria, die das Kind stillt. Der Typ ist vergleichsweise selten.

2. *Maria Nikopoia* – die Siegbringende: Maria, die frontal thront und das Kind ebenfalls frontal (Rechte segnend, Linke eine Rolle tragend) hält.

3. *Maria Hodegetria* – die Wegweiserin: Maria als Halbfigur mit dem Kind auf dem Arm.

4. *Maria Eleusa* – die Barmherzige und *Maria Glykophilusa* – die süß Küssende: Mutter und Kind wenden sich einander zärtlich zu, z. B. durch Umarmen, Herzen und Küssen.

5. *Maria Orans* – die Betende: Maria, die mit erhobenen Armen, d. h. betend steht. Sie ist besonders häufig in Apsiden anzutreffen, wo sie liturgisch gesehen zwischen den Gläubigen im Kirchenraum und Christus, dem Pantokrator in der Kuppel vermittelt.

Eine Variante der *Maria Orans* ist die *Maria Blachernotissa* (Maria von Blachernen – Marienkirche in Konstantinopel), sie gehört zum Typus der *Maria Platytera* (umfangreicher als der Himmel, weil sie den Schöpfer geboren hat). Auf dieser Darstellung ist in einem Rundbild auf der Brust Marias der Immanuel abgebildet. In Russland erhielt diese Darstellung die Bezeichnung »Gottesmutter des Zeichens« nach Jes 7,14: »Darum wird der Herr selbst ein Zeichen geben: Siehe eine Jungfrau wird schwanger und wird einen Sohn gebären, den wird sie nennen Immanuel«.

Das russische Marienbild knüpft grundsätzlich an die byzantinischen Typen an, doch werden die Ikonen dort häufig nach ihrem Heimatort benannt.

In der Kunst des Westens werden bis ins 14. Jahrhundert die byzantinischen Typen im Wesentlichen übernommen, dabei stilistisch verändert und ikonographisch abgewandelt. Das betrifft vor allem das Verhältnis von Mutter und Kind, das sich in vielen Variationen bewegter und lebendiger, vor allem inniger gestaltet.[77]

Eine der ältesten ikonographischen Darstellungen der Gottesmutter mit ihrem Kind ist der Bildtypus *Maria Lactans* (die Stillende, Nährende). Ob er von der Isis Lactans in Ägypten angeregt oder beeinflusst ist, lässt sich nicht endgültig klären. »Das Bild der stillenden Gottesmutter«, sagen die einen, »war in der offiziellen ägyptischen Religion und im Volksglauben der pharaonischen Zeit tief verwurzelt und hatte durch den Hellenisierungsprozess eine solche universale Macht erlangt, dass diese Vorstellungen auch in die neuen christlichen Glaubensvorstellungen einbezogen werden mussten.«[78] Andere wiederum weisen darauf hin, dass es dafür keine historischen Belege gibt.[79] Isis und Maria waren sich jedenfalls zum Verwechseln ähnlich, so »dass antike Figuren der ägyptischen Gottesmutter bei ihrer späteren Auffindung als Bilder der christlichen Madonna angesehen und verehrt wurden«.[80]

»Die ägyptische Muttergottheit sitzt in strenger Frontalität und breit gestellten Beinen auf einem Thron mit hoher Lehne. Die Isiskrone auf dem Haupt in Gestalt von Hörnern, zwischen denen sich die Sonne befindet, ist offenbar nachträglich abgearbeitet worden. Dies könnte darauf deuten, dass die ägyptische Muttergottheit nachträglich in eine christliche Marienfigur abgewandelt wurde.«[81]

Der Bildtypus der *Maria Lactans* kommt zwar nicht sehr oft vor, taucht aber über die Jahrhunderte hinweg immer wieder auf. Mittelalterliche Maler entwerfen das Bild einer Mutter, die ihr Kind liebkost, es umarmt und ihm, wenn es Hunger und Durst hat, die Brust gibt. Maria wird hier gleichsam zum

Thronende Isis mit Horuskind. Mittelägyptische Skulptur (4. Jahrhundert). Quelle: Bildarchiv Preußischer Kulturbesitz.

Idealbild mütterlicher Fürsorge. Ihre vorbildhafte Mutterschaft steht im Widerspruch zu der Tatsache, dass im späten Mittelalter Frauen der adligen und bürgerlichen Oberschicht ihre kleinen Kinder nicht selbst stillten, sondern Ammen anvertrauten. Maria hingegen wird hier zum Beispiel für vorbildhafte Säuglingspflege angesichts eines moralisch und medizinisch fragwürdigen Ammenwesens.

Mechthild von Magdeburg (um 1208–1282/97) macht die in der lateinischen Schultheologie ausgebildeten Vorstellungen von den körperlichen und geistlichen Brüsten Marias zum Gegenstand mystischer Betrachtungen. Zunächst äußert sie heftiges Verlangen nach Marias Brüsten, dann spürt sie in mystischem Erleben, wie sich Milch in sieben Strahlen aus den Brüsten Marias über ihren Leib und ihre Seele ergießt und gerät darüber in Verzückung.[82] Beim ersten Eindruck erscheinen solche religiösen Vorstellungen und Erlebnisse fremd und vielleicht sogar abstoßend. Aber das Verlangen nach sinnlich erfahrbarer Liebe, das bislang als sündhafte Begierde gedeutet und verurteilt wurde, erschließt in der mystischen Entrückung einen ganz eigenen Zugang zur Gottesliebe, wie sie in der stillenden und fürsorglichen Maria erfahrbar wird.

»Milch bildete in der mittelalterlichen Welt ein unverzichtbares Grundnahrungsmittel. Ihre lebenserhaltende und lebensfördernde Kraft zu einem Sinnbild für das Wirken Marias zu machen, war Ausdruck einer ganzheitlichen Frömmigkeit, die Inneres und Äußeres, Geistiges und Sinnliches, Leib und Seele nicht voneinander trennte. … In ihren Brüsten offenbarte Maria ihr Wesen: ihre mütterliche Hingabe, ihre Leben spendende und rettende Kraft.«[83]

In der Darstellung der *Maria Lactans* wird das nährende und sorgende Element ihrer Mutterschaft herausgestellt. Die Geburt, das Zur-Welt-Bringen ist das eine Element der Mutterschaft, die mütterlich nährende und bergende Zuwendung zum Kind das andere. Zur Menschwerdung des göttlichen Kindes gehört es, dass es an der Brust einer Frau, seiner Mutter, gestillt und genährt wird. Allen abstrakten theologischen Aussagen über die Inkarnation haben immer wieder Maler aus den unterschiedlichsten Jahrhunderten und Epochen das Bild der stillenden Gottesmutter gegenübergestellt.

V

Maria die Gottesgebärerin ist in der mystischen Theologie das Bild für die Seele, die Gott gebiert. Pseudo-Chrysostomus schreibt: »Es möge also jede Seele Mutter Christi werden in ihrem Inneren. Wie aber soll sie Mutter Christi werden? Jede Seele trägt in sich wie in einem Mutterschoß Christus. Wenn sie nicht umgestaltet wird durch ein heiliges Leben, kann sie nicht Mutter Christi genannt werden. Jedes Mal aber, wenn du das Wort Christi in dich aufnimmst und ihm Gestalt gibst in deinem Inneren, es gestaltest in dir wie in einem Mutterschoß durch dein Nachdenken, kannst du seine Mutter genannt werden«[84]. Gregor von Nyssa entfaltet das Thema der Gottesgeburt in der Seele. Das zentrale Thema seiner Mystik ist, »den lebendigen Christus im Inneren haben«.[85]

Eine Wiederaufnahme dieses Motivs findet sich bei Meister Eckhart (1260–1328), der von der »Gottesgeburt im Seelengrund« spricht. Dieses Motiv durchzieht sein gesamtes

Predigtwerk. Der Seele, die er auch »Burgstädtchen« oder »Bürglein« nennt, kommt hier eine Doppelfunktion zu: Sie soll sowohl eine empfangsbereite »Jungfrau« als auch eine reife gebärfähige (Ehe-)Frau sein bzw. werden. Der betrachtende Leser von Eckharts Predigten wird gewahr, dass von ihm selbst die Rede ist, von seiner Möglichkeit, Christus im Seelengrund zu begegnen. »Unser Herr Jesus Christus ging hinauf in ein Burgstädtchen und wurde von einer Jungfrau empfangen die eine (verheiratete) Frau war.«[86] »Jungfrau« steht hier für die Seele, die wie Maria, »des Herrn Magd«, bereit ist, die Gabe des Heiligen Geistes zu empfangen, die »frei von allen fremden, vergänglichen Bildern« ist, die dem Geistempfang entgegenstehen. Auf dem Weg der inneren Reinigung (via purgativa) muss die Seele diese Jungfräulichkeit, ihre Leere und Freiheit von allen Bildern immer wieder gewinnen. Während die Reinigung immer ein aktiver Prozess ist, ist die dann zu erwartende Erleuchtung (via illuminativa) und die Vereinigung (via unitiva) ein mystisches Geschehen, das allein im Schöpfungshandeln Gottes liegt und nur passiv empfangen werden kann. »Nun merket auf«, sagt Meister Eckhart, »und seht genau hin! Wäre der Mensch immer nur Jungfrau, so wäre er nicht fruchtbar. Soll er fruchtbar werden, so muss er notwendigerweise eine (gebärfähige) Frau sein. ›Frau‹, *das* ist das edelste Wort, das man der Seele beilegen kann und zwar noch edler als ›Jungfrau‹«.[87] Obwohl Meister Eckhart selbst ehelos lebte und in diesem Moment möglicherweise Ordensfrauen predigte, zögerte er nicht, das Frausein, die eheliche Verbindung, höher zu schätzen als die bloße Jungfräulichkeit. Denn Aufnahmebereitschaft allein genügt nicht, die Reife und Fruchtbarkeit muss hinzukommen, damit das ersehnte Ereignis der Gottesgeburt im Seelengrund sich einstellen kann. Insofern kommt Christus tatsächlich nur zu einer »Jungfrau, die ein Weib ist«, wie Meister Eckhart sagt. Denn das ist der Wille Gottes, dass er als der ewige Vater seinen Sohn »ohne Unterlass« in der Seele des Menschen geboren sein lässt. Was Maria als der Mutter Jesu widerfuhr, das bleibt nicht nur einmaliges Geschichtsereignis, es wird vielmehr zu einer mystischen Realität, die nicht auf einen einzelnen historischen Menschen beschränkt bleibt. Damit will Eckhart die Einzigartigkeit der Gottesgeburt durch Maria nicht schmälern, noch diese objektive Heilstatsache vom subjektiven Heilserleben des Einzelnen abhängig machen. Er meint mit der Gottesgeburt im Seelengrund eine spirituelle Realität, die den »garstigen Graben« der Geschichte überbrückend sich heute einstellen und in der inneren Erfahrung zur gläubigen Gewissheit werden kann.

Franz von Assisi (1181/82–1226) nennt alle, die seinen Ratschlägen zur Nachfolge Jesu folgen, Bräute, Brüder und Mütter Jesu Christi. »Wir sind Mütter,« so versichert er, »wenn wir ihn [Christus] im Herzen und in unsrem Körper tragen, in dem wir lieben und ein reines Gewissen haben; wir gebären ihn durch heiliges Wirken«.[88] Während die Mystiker bei der Gottesgeburt alle Aufmerksamkeit nach innen lenken und in der Seele, dem »Burgstädtchen«, an dem Ort der Leere und des Schweigens die Gottesgeburt erwarten, spricht Franz von Assisi vom »heiligen Wirken«, durch das Gott bzw. Christus in die Welt hinein geboren wird. Hier zeigen sich zwei nicht gegensätzliche, aber doch unterschiedliche Wege christlicher Spiritualität: die *via contemplativa* und die *via activa*, die bereits in den biblischen Figuren von Maria und

Martha (Lk 10,38–42) vorgebildet sind und die ganze Geschichte christlicher Spiritualität durchziehen. Beide Wege wollen je für sich Gott zur Welt bringen und darin Früchte des Glaubens bringen. Die Versuchungen und Fallen auf beiden Wegen liegen auf der Hand: Ein mystisches Erleben, das nur bei sich bleibt und nicht nach außen Gestalt gewinnt, ist noch keine wirklich vollzogene Gottesgeburt. Und ein Wirken nach außen, das seinen Grund nicht in einer spirituellen Erfahrung hat, ebenso nicht.

Vom Hl. Franziskus wird berichtet, dass er so sehr vom kontemplativen Leben angezogen war, dass er sich eines Tages ernstlich fragte, ob das nicht seine eigentliche und ausschließliche Lebensform sei. So ließ er Schwester Klara und Bruder Silvestro unabhängig voneinander in dieser Angelegenheit befragen, um durch ihre Antwort den göttlichen Willen zu erfahren. Beide antworteten nach einer Zeit des Gebets unabhängig voneinander: Gott hat dich nicht nur um deinetwillen berufen, sondern auch, dass du hingehst und predigst und »Frucht an Seelen erntest und viele durch dich in sein Reich gewinnst.«[89] Der Hl. Franziskus hat diese Weisung demütig angenommen und ist zu neuem Wirken mit seinen Brüdern aufgebrochen. Sein Motto, das noch heute für franziskanische Spiritualität maßgebend ist, hieß fortan: Kontemplativ in der Welt leben.

Gegrüßet seist du Maria, voll der Gnaden, der Herr ist
mit dir.
Du bist gebenedeit unter den Frauen
und gebenedeit ist die Frucht deines Leibes Jesus,
den du zu Bethlehem geboren hast.

Heilige Maria, Mutter Gottes, bitte für uns Sünder,
jetzt und in der Stunde unseres Todes.
Amen.

Aus dem freudenreichen Rosenkranz

VI

Die Frucht, die in der Gottesgeburt das Licht der Welt erblickt, Hand und Fuß bekommt oder wie immer man es in einem Bild auszudrücken vermag, zeigt sich in Phänomenen, die zum Teil ganz alltäglich daherkommen oder auch alltägliche Erfahrungen transzendieren. »Stimmen, Visionen, Träume, Engelbegegnungen, Heilungserfahrungen, das Hören von Geschichten, Tanz, Gesang, die Begegnung mit anderen Menschen, Liebe, Geburt, Trauer – jedes nur denkbare menschliche Erleben kann der Hafen sein, in den das Schiff einfährt, das Gott voll ist.«[90] Wie kann man mit diesen Erfahrungen umgehen oder sie gar evozieren? Was ist hier methodisch möglich und was bleibt unverfügbar?

Spirituelle Arbeit, die religiöse Erfahrung sucht bzw. sich mit religiösen Erfahrungen auseinandersetzt, ist immer auch methodische Arbeit. Für sie gelten die gleichen Gesetze, die die Kreativitätspsychologie für schöpferische Leistungen des Menschen ermittelt hat. Die Psychologie der Kreativität unterscheidet im kreativen Vorgang verschiedene Phasen. Da ist zunächst die Vorbereitungsphase, in der es um die Wahrnehmung eines Problems und um die Sammlung von Material geht. In der Inkubationsphase, die oft von Stillstand, Frustration und Ungeduld gekennzeichnet ist, kann man nur warten und darauf vertrauen, dass sich eine Lösung finden lässt. In der Illuminationsphase folgt die plötzliche Einsicht in die Lösung: die Erleuchtung. Die Objektivation bzw. Verifikation und Überprüfung der Lösung erfolgt schließlich in der letzten Phase.[91] Dieses Modell, angewendet auf spirituelle Arbeit, macht deutlich, dass in einem aktiven, aber auch kontemplativen Prozess einzelne Schritte notwendig aufeinander folgen müssen und aktive und passive Phasen einander abwechseln wie beim Prozess von Empfängnis, Schwangerschaft und Geburt.

Exerzitium des Gebärens

- Versuchen Sie zunächst für sich zu klären, was in Ihnen ist. Nehmen Sie mit allen Sinnen wahr, womit sie zur Zeit »schwanger gehen«. Vielleicht ist es ein noch ganz undeutlicher innerer Impuls, den Sie verspüren; vielleicht eine innere Unruhe, die Sie umtreibt; vielleicht eine Aufgabe, die sie sehen und die noch undeutlich vor Ihnen liegt. Nehmen Sie wahr, was ist. Formulieren und präzisieren Sie die Fragestellung.
- Begeben Sie sich an einen stillen Ort, vielleicht für ein paar Tage in die Abgeschiedenheit eines Klosters, wo Sie vielleicht auch einen geistlichen Begleiter finden und an Exerzitien teilnehmen können. Oder gönnen Sie sich einen »Wüstentag«, an dem Sie in die Stille und Einsamkeit der Schöpfung gehen. Das Lesen und die Betrachtung eines biblischen oder geistlichen Textes, die Betrachtung eines Bildes oder symbolhaften Gegenstandes können das Material liefern, das Sie in der Stille aufnehmen, das nun in

die Tiefe der Seele und des Leibes fällt und dort klärend wirken kann.

- In der Stille arbeitet das Empfangene im Verborgenen, oftmals dem Bewusstsein völlig entzogen. Nur manchmal meldet es sich in Form einer vorläufigen Idee oder eines kleinen Impulses. Das können Sie schriftlich festhalten. Jetzt ist es wichtig, die Ohmacht, nichts aktiv tun zu können und die damit verbundene Frustration auszuhalten. Haben Sie mit sich selbst und mit Gott Geduld. Streben Sie nicht aus Ungeduld vorschnelle Lösungen an und versuchen Sie nicht, notwendige Wege und Zeiten abzukürzen. Vielleicht müssen Sie Ihren Klosteraufenthalt oder »Wüstentag« beenden, ohne dass sich etwas greifbares getan hätte und in ihren Alltag zurückgehen. Vielleicht dauert die Inkubationszeit Tage, Wochen, Monate. Vielleicht brauchen Sie während Ihrer Schwangerschaft eine(n) geistliche(n) Begleiter(in), die bzw. der die Aufgabe einer Hebamme übernimmt.
- Plötzlich und unvermittelt kann sich etwas in Ihnen rühren, kommt Ihnen eine Idee, zeichnet sich plötzlich eine Lösung ab, lässt sich ein Weg erkennen, können Sie intuitiv wahrnehmen, was Sie berührt, ergreift, spüren Sie plötzlich, was richtig ist. Dieser Augenblick, in dem Ihnen »Erleuchtung« geschenkt wird, ist ein göttlicher Schöpfungsakt, der Ihrer Einwirkung völlig entzogen ist.
- Jetzt ist die Geburt eingeleitet. Das, was zuvor verborgen war, wird sichtbar, bekommt Hand und Fuß und eine Gestalt, erblickt mit Ihrer Hilfe das Licht der Welt, kann gestaltet werden. Die Predigt kann konzipiert und geschrieben oder auf der Kanzel als ein Sprachereignis geboren

werden. Der befreiende Satz kann gesagt werden. Der Brief kann geschrieben werden. Der Weg kann gegangen werden etc. Die Geburt ist geschehen. Das Wort ist Fleisch geworden. Gott ist geboren. Die Frucht ist geschenkt und sichtbar geworden und darf nun im Glauben ergriffen und gestaltet werden.

Nachdem das »Kind« geboren ist, muss es genährt, gehegt und gepflegt werden. Die stillende Gottesmutter (Maria Lactans) ist ein Bild für die nährende und Leben spendende Zuwendung, die die Seele ihrem »Kind« angedeihen lassen muss, damit es wachsen und sich entwickeln kann. Der Apostel Paulus vergleicht neu bekehrte Christen mit Kindern, denen Milch gereicht werden muss, weil sie feste Kost noch nicht vertragen (1Kor 3,2; vgl. auch Hebr 5,12–14). Er hat sie nicht nur – wie er schreibt – »gezeugt in Christus Jesus durchs Evangelium« (1Kor 4,15), sondern er spricht von ihnen auch als »Meine lieben Kinder, die ich abermals unter Wehen gebäre, bis Christus in euch Gestalt gewinne!« (Gal 4,19) Paulus sieht sich in der Verantwortung für die Glieder seiner Gemeinden, die er sowohl »gezeugt« als auch unter Schmerzen »geboren« hat. Er kämpft um sie, dass sie nicht vom Glauben abfallen und er sorgt sich um ihr geistliches Wachstum. Die geistlichen Väter und Mütter sind und bleiben wie Maria in der Verantwortung für ihre »Kinder«. Was immer sie auch durch den Glauben »in Christus« gezeugt oder zur Welt gebracht haben, braucht weiterhin ihre nährende und pflegende Zuwendung. Die Geburt des Kindes ist nicht das Ende sondern vielmehr der Anfang der Mutterschaft. Ganz neue Probleme und Herausforderungen warten nun.

Herr, mein Gott, im Dunkel meines Leibes und meiner Seele ist dein Wort gereift.
Nun ist es geboren, hat Gestalt angenommen,
hat das Licht der Welt erblickt, was zuvor verborgen war.
Du hast die Frucht geschenkt, Dank sei dir!
Gepriesen bist du, Schöpfer des Lebens
Und gepriesen sei die Frucht, die du hervorgebracht hast.
Hilf mir, Verantwortung zu übernehmen für das neue Leben.
Hilf mir, es zu nähren und zu schützen.
Amen.

5. Die Hingebende

I

40 Tage nach dem Fest der Geburt Christi feiern die Kirchen, zuerst im Osten, später auch im Westen am 2. Februar ein Fest, das im Osten bis heute *Hypapante thou Kyriou* (Begegnung mit dem Herrn), im römischen Festkalender *In Praesentatione Domini* (Darstellung des Herrn) und allgemein volkstümlich *Mariä Lichtmess* oder *Mariä Reinigung* genannt wird. Der Inhalt des Festes ist ein dreifacher: Marias Reinigung, Jesu Darstellung im Tempel und Lichtmess, die Weihe der Kerzen.

Zumindest zwei der drei Handlungen gründen auf alttestamentlich aufgezeichneten Kultakten, von denen der erste auch als christlicher Brauch bis in die Neuzeit hinein Bedeutung hatte. Die deutsche Wöchnerin heißt deshalb so, weil ihr bis ins 18. Jahrhundert hinein vorgeschrieben war, sechs Wochen (40 Tage) im Wochenbett zu ruhen, bis sie dann den ersten Kirchgang antrat. Dieser war verbunden mit einer Einsegnung von Mutter und Kind. Die Taufe des Kindes, drei Tage nach der Geburt, fand ohne die Mutter statt.[92] Die Einsegnung von Mutter und Kind, die bis heute nach dem Taufakt stattfindet und um den Segen für die ganze Familie einschließlich der Paten erweitert ist, zeigt sich als Rudiment des einstigen Reinigungsaktes, dem sich auch Maria unterzog. Die meisten Kulturvölker kennen ein religiöses Kulttabu für die Frau, die entbunden hat und fordern entsprechende Reinigungsriten.

Im zweiten Kultakt, der beim Fest *Mariä Lichtmess* eine Rolle spielt, geht es um die männliche Erstgeburt bei Mensch und Vieh, die Gott zu »heiligen« ist. Dahinter steht die archaische Vorstellung, dass Gott alle männliche Erstgeburt gehört und ihm zurückzugeben, d. h. zu »heiligen« und das heißt zu opfern ist. Im Fall einer menschlichen männlichen Erstgeburt wird diese durch ein Tieropfer oder durch eine andere Gabe ausgelöst (vgl. 2Mose 13,12 ff.).

Unter der Bezeichnung Lichtmess werden eine Kerzenweihe und eine Lichterprozession in den Ablauf des Festes einbezogen. Dieser Ritus, der keinen biblischen Bezugspunkt hat, knüpft an heidnische Lichterprozessionen an. Bis heute werden an Maria Lichtmess in der römischen Kirche alle für den liturgischen Gebrauch oder die persönliche Andacht bestimmten Kerzen geweiht. Außerdem finden Lichterprozessionen statt.

»Mariä Lichtmess« wurde in der Liturgiereform des 2. Vatikanischen Konzils in »Darstellung des Herrn« umbenannt. Im Apostolischen Schreiben *Marialis cultus* von Papst Paul VI. heißt es, dass dem Fest nun »die Bezeichnung ›In Praesentatione Domini (Darstellung des Herrn)‹ wiedergegeben wurde«. Darin wird deutlich, dass man dieses lange als Marienfest gefeierte Fest wie auch das Fest »Verkündigung des Herrn« (vormals »Mariä Verkündigung«) nun als Herrenfest begangen wissen will. Es geht vor allem um Christus, »mit dem Maria innig verbunden ist als die Mutter des leidenden Knechtes Jahwes, als die Vollstreckerin eines Sendungsauftrages, der dem alten Israel zukam und als Urbild des neuen Gottesvolkes, das ständig im Glauben und in der Hoffnung bei seinen Leiden und Verfolgungen geprüft wird (vgl. Lk 2,21–35)«.[93] Weiterhin heißt es: »Maria ist endlich die *opfernde Jungfrau*. In der Begebenheit der Darstellung Jesu im Tempel (vgl. Lk 2,22–35) hat die Kirche, unter der Leitung des Heiligen Geistes, außer der Erfüllung der gesetzlichen Vorschriften über die Opferung des Erstgeborenen (vgl. 2Mose 13,11–16) und der Reinigung der Mutter (vgl. 3Mose 12,6–8), ein Geheimnis gesehen, das sich auf die Heilsgeschichte bezieht. … Ein Heilsgeheimnis also, das in seinen verschiedenen Gesichtspunkten die Begebenheit der Darstellung im Tempel auf das Heilsgeschehen des Kreuzes ausrichtet. Aber die Kirche selbst erblickte, vor allem seit den Zeiten des Mittelalters, im Herzen der Jungfrau, die ihren Sohn nach Jerusalem bringt, um ihn dem Herrn darzustellen (vgl. Lk 2,22), eine Opferbereitschaft, die den üblichen Sinn des rituellen Darbringens übersteigt. Für dieses tiefe Verständnis haben wir das Zeugnis in dem innigen Gebet des heiligen Bernhard: ›Opfere, o geheiligte Jungfrau, deinen Sohn und bringe die gebenedeite Frucht deines Leibes dem Herrn dar. Opfere zu unser aller Versöhnung die heilige Hostie, die Gott wohlgefällt‹«.[94]

Schwierig erscheint in diesem Zusammenhang das Zitat des Hl. Bernhard, nach dem Maria, gleichsam wie der in der Eucharistie zelebrierende Priester, Christus in der Gestalt der Hostie Gott zu unser aller Versöhnung opfert. Die Vorstellung, dass Maria heute und immer wieder neu Christus »zu unser aller Versöhnung« opfert, ist nach protestantischem Verständnis abzulehnen. Das Opfer Marias in der

Darbringung ihres Sohnes hat keine heilsgeschichtliche Qualität und keine versöhnende Wirkung, diese kommt allein dem Versöhnungsopfer Christi am Kreuz zu. Was Maria im Tempel tut, ist nach protestantischem Verständnis vielmehr ein Akt des Glaubens, nicht mehr und nicht weniger. Es ist ein erster Akt des Loslassens ihres Sohnes und steht am Anfang einer Reihe von weiteren Akten, in denen sie ihren Sohn freigeben muss für den Weg, den er zu gehen hat.

Im Primitialopfer wird der Gottheit die Erstgeburt zurückgegeben, d. h. »geheiligt« (Lk 2,23), das heißt ausgesondert, weil es ihm gehört. Christus ist im Neuen Testament nicht nur der erstgeborene Sohn der Maria, sondern wird als der Gekreuzigte auch als »Erstling der Entschlafenen« (1Kor 15,20) bezeichnet. Dieser »Erstgeborene der ganzen Schöpfung« (Kol 1,15) ist auch der »Erstgeborene unter vielen Brüdern« (Röm 8,29). Marias Aufgabe ist es gleich zu Beginn seines Lebensweges, der zugleich der Beginn der neuen Heilsgeschichte ist, ihn loszulassen und freizugeben für seinen Weg und Auftrag. Der greise Simeon, der in prophetischer Schau nach vorn blickt, als er den Erstgeborenen in seinen Armen hält, kündigt ihr an, dass sie es nicht leicht haben wird mit ihrem Sohn: »auch durch deine Seele wird ein Schwert dringen« (Lk 2,35), sagt er.

Im römischen Katholizismus wurden und werden insbesondere erstgeborene Söhne für die Priesterrolle oder ein monastisches Leben delegiert. Im Protestantismus sind es auffallend oft die Erstgeborenen, die den Beruf der Pfarrerin bzw. des Pfarrers ergreifen.[95] Vielleicht zeigt sich hier die fortwährende, wenn auch unbewusste Macht alter archaischer Opfergesetze.

Es ist das Verdienst von Manfred Josuttis, den theologisch gewichtigen Begriff des Opfers unter phänomenologischen Gesichtspunkten untersucht und so theologisch neu erschlossen zu haben.[96] In den christlichen Konfessionen kennt man keine eigentlichen rituellen Opferhandlungen mehr. Demgegenüber ist aber in unserem Alltag in der modernen Gesellschaft bzw. in unserer Sprache ständig von Opfern die Rede. Verkehrs-, Kriegs-, Naturkatastrophenopfer, Akte der Lebensvernichtung, die schicksalhaft oder durch Zufall zustande kommen, werden beklagt. Solche Akte bringen Opfer hervor und scheinen wohl auch Opfer zu benötigen. Gesellschaften und ihre Subsysteme, Familien, unterschiedliche Formen von Gemeinschaft bringen Opfer und brauchen gleichzeitig Opfer, um zu funktionieren. Es scheint so, als sei das Opfer als Ritual und Begriff aus seinem ursprünglich religiösen Kontext ausgewandert und im profanen Kontext zu neuer Bedeutung erhoben worden. Vielleicht lässt sich an diesen eher alltäglichen Vorstellungen vom Opfer Grundlegendes neu entdecken. M. Josuttis verweist in seinen phänomenologischen Untersuchungen zum Opfergedanken vor allem auf die soziologische Theorie des Gabentausches, wie sie M. Mauss entwickelt hat.[97] Der alltägliche Gabentausch besteht aus drei Akten: 1. Eine Gabe (z. B. ein Gruß) wird gegeben. 2. Die Gabe wird angenommen. 3. Die Gabe wird erwidert. Überall und ständig vollzieht sich dieser Gabentausch: in der Natur, im zwischenmenschlichen Zusammenleben, in der Ökonomie, im Rechtswesen und selbstverständlich auch in der Religion. Das Opfer ist die Gabe im Gabentausch, die gegeben, angenommen und erwidert wird. Das wirft ein neues Licht auf den Begriff des Opfers. Es gilt zunächst mit einigen eingefahren Vorstellungen zu brechen, etwa, dass das Opfer immer ein Verlust sei, dass Opfer weh tun müssen, dass das Opfer etwas ist, was man sich abzwingen muss. Die Ehe z. B. ist ein Opfer, das viele Menschen gern eingehen. Das Eheversprechen wird getragen von der Absicht zu einem lebenslangen wechselseitigen Austausch von Lebenskraft unabhängig von Gefühlen und Stimmungen. Lebendige Opfer (vgl. Röm 12,1), d. h. Opfer, die dem Leben dienen, geschehen freiwillig, sie zeichnen sich dadurch aus, dass jemand die Fähigkeit zum Geben hat. Opfern ist eine Kunst, die man lernen kann. Sie gründet auf der Einsicht, dass ich geben kann, weil ich reich bin. Dem gegenüber können Opfer aber auch lebensgefährlich, ja tödlich werden, wenn der Gabentausch blockiert oder verhindert wird, wenn ein Opfer in falscher Absicht gegeben, nicht angenommen oder nicht erwidert wird.

Die Krise des Opfers erfolgte in Israel mit der Einführung des Münzgeldes[98] und im späten Mittelalter mit der Einführung der allgemeinen Geldwirtschaft. Aus den empfangenen Gaben, die man der Gottheit ursprünglich zurückgab, wurden jetzt Waren. Das hat den Charakter des Opferns als Tauschvorgang von Grund auf verändert und letztlich dazu geführt, dass sich der Gabentausch zu einem Geschäftsverhältnis entwickelte. Opfern heißt, immer etwas von sich selbst geben. »Die Gabe ist also nichts Äußerliches, sondern immer ein Teil des Gebers. Weil das so ist, muss ich diese

Gabe als einen Teil des anderen respektvoll annehmen und ebenso ehrenvoll von mir aus erwidern.«[99]

Dass mit dem Begriff des Opfers in der Geschichte oft ein großer Missbrauch getrieben wurde und noch wird, lässt sich z. B. an der verheerenden Wirksamkeit des politischen Opfermythos im Nationalsozialismus in Deutschland, aber auch an modernen Opfermythen in Religion, Politik und Kultur unserer Tage nachweisen.[100] Sehr oft ist mit der Aufforderung zum Opfer ein Versprechen des Lebens verbunden, das in der Folge aber vielmehr Elend, Verderben und Tod nach sich zieht.

In diesem Prozess des Opferns, des gegenseitigen Gebens und Nehmens, kommt dem einmaligen Opfer Christi eine besondere Rolle zu. Für die ersten Christen schloss das Opfer Christi am Kreuz die Abschaffung der kultischen Opferpraxis ein. Im »vernünftigen« (griech. *logikos*) Gottesdienst nach Röm 12,1 wird die Praxis des Opferns in den Alltag verlegt. Man kann sich Gott gegenüber im Gabentausch nicht auf Einzelobjekte beschränken, sondern Paulus ermahnt die Christen in Rom, »dass ihr eure Leiber hingebt als ein Opfer, das lebendig, heilig und Gott wohlgefällig ist«. »Im christlichen Glauben wird das Opfer nicht, wie in Philosophie und Mystik spiritualisiert, sondern in der eigenen Leiblichkeit realisiert.«[101] Der geforderte Gottesdienst »ist die Hingabe der leiblichen Existenz in dem sonst profan genannten Raum und, als dauernd gefordert, im Alltag der Welt, wobei jeder Christ zugleich Opfer und Priester ist«.[102]

Reformatorische Theologie hat immer wieder darauf hingewiesen, dass im Verhältnis des Menschen zu Gott alle

Handlungen und Gaben zuerst von Gott her erfolgen. Das gilt auch und gerade für den Akt des Opferns. Der Mensch kann am Anfang nur der Empfangende sein, alle menschlichen Opferhandlungen, die darauf folgen, bleiben durch die vorausgehende Gabe Gottes bestimmt. Wer in den Sakramenten Anteil am Heil und an der göttlichen Lebenskraft bekommt, wird dadurch selber opferfähig, d.h. hingabewillig und hingabefähig für andere. In diesem Opferakt werden jetzt nicht mehr andere Menschen, nicht mehr erstgeborene Kinder, nicht mehr reine Tiere und kostbare Güter hingegeben, sondern die eigene ganzheitliche Existenz.

II

Der Bericht des Lukas über die Beschneidung und Namensgebung Jesu, die Reinigung Marias, die Darstellung Jesu im Tempel und die Begegnung mit dem greisen Simeon und der hochbetagten Hanna (Lk 2,22–40) zeigen die Gesetzestreue der Eltern Jesu. Acht Tage nach der Geburt wird Jesus, wie jeder neugeborene jüdische Junge, beschnitten und bekommt den vom Engel angekündigten Namen (2,21). Wo und durch wen die Beschneidung durchgeführt wurde, wird nicht berichtet. Mit zwei Verweisen auf die Vorschriften des »Gesetzes des Herrn« (2,24.39) wird begründet, warum die Eltern das Kind 40 Tage nach seiner Geburt nach Jerusalem brachten. An dem, der »unter das Gesetz getan ist, damit er die, die unter dem Gesetz waren, erlöste, damit wir die Kindschaft empfingen« (Gal 4,4f.), wird nun das vollzogen, was das Gesetz fordert.

Da ist zunächst die Vorschrift, die die Mutter betrifft, wonach sie bei der Geburt eines Jungen 40 Tage, bei der Geburt eines Mädchens 80 Tage nach der Niederkunft, Gott ein Brand- und Sündopfer zur ihrer Reinigung und zur Wiederherstellung ihrer Kultfähigkeit darbringen muss (3Mose 12). Das geschah traditionsgemäß am Nikanortor auf der Ostseite des Frauenvorhofs des Tempels[103], setzte also eine Reise nach Jerusalem voraus. Lk 2,24 berichtet, dass Maria dieser Vorschrift nachkam. Weil Maria zu den Armen des Landes gehörte, was bereits im Magnifikat (Lk 1,53) angedeutet ist, opferte sie ein Paar Tauben, die Mittel für ein einjähriges Schaf (3Mose, 12,6), konnte sie nicht aufbringen.

Die andere Vorschrift aus 2Mose 13,2 lautet: »Heilige mir alle Erstgeburt bei den Israeliten; alles, was zuerst den Mutterschoß durchbricht bei Mensch und Vieh, das ist mein«. Bei Lukas wird diese Gesetzesvorschrift leicht abgewandelt wiedergegeben: »Alles Männliche, das zuerst den Mutterschoß durchbricht, soll dem Herrn geheiligt heißen« (2,23). Die in 2Mose 13 vorgeschriebene Heiligung der männlichen Erstgeburt hat ihren Grund darin, dass beim Strafgericht Gottes über jede Erstgeburt in Ägypten die Kinder Israels ausgenommen waren, wenn die Türpfosten ihrer Häuser mit dem Blut der Paschalämmer als Schutzzeichen bestrichen waren (2Mose 12,23). Die so Geretteten, die Repräsentanten für das neue Leben des Volkes Gottes, das Gott in die Freiheit hinausführte, gehörten in besonderer Weise dem Herrn, waren ihm geheiligt und von ihm in Dienst genommen. Stellvertretend für alle taten diesen Dienst im Heiligtum später die Priester aus dem Stamm Levi. Irgendeinem von ihnen musste der Vater des Erstgeborenen, oder später dieser selbst, ein Lösegeld entrichten, gleichsam als Entgelt für dessen stellvertretenden Dienst. Das konnte bei jedem im Lande wohnenden Priester geschehen, dazu brauchte aber das erstgeborene Kind nicht zum Tempel gebracht werden. Obwohl Lukas auf diese Vorschrift hinweist (2,23) berichtet er nichts von der Zahlung eines Lösegeldes. Hier wird wieder deutlich, dass dieses Kind ein besonderes Kind ist, das zwar Gott geheiligt ist, aber nicht im Sinne des Gesetzes von einem Menschen ausgelöst werden kann und muss. Der Gottessohn wird als Zwölfjähriger seinen besorgten Eltern im Tempel erklären, dass er in dem sein muss, »was meinem Vater gehört« (Lk 2,49). Statt der Zahlung eines Lösegeldes wird er dem Herrn »dargestellt«, präsentiert, wofür es im jüdischen Gesetz keine Vorschrift gibt. »Die Einführung des Kindes in den Tempel ist seine Zueignung an seinen himmlischen Vater, von dem er das Leben hat und der ihm den Namen gegeben hat.«[104]

Im Bericht des Lukas schließt sich nun die Begegnung mit dem greisen Simeon an, der das Danklied singt, das als »Nunc dimittis« in das Nachtgebet der Kirche eingegangen ist. Darin wird das Jesuskind als der Heilsbringer (griech. *soter* = Erlöser) besungen, der selbst das verheißene Heil für Israel und die Heidenvölker ist. Er wird die rechte Gotteserkenntnis schenken und so das neue Volk Gottes aus Juden und Heiden schaffen. »Sein Vater und seine Mutter wunderten sich über das, was von ihm gesagt wurde« (Lk 2,33), d. h. sie staunen und verstehen immer noch nicht so recht, was über die Bedeutung und Sendung ihres Sohnes gesagt wird. Von Lukas werden sie als Glaubende geschildert, »die sich erst durch das Wort Gottes vorzutasten haben in das

Wesen der Person und der Sendung ihres Kindes«.[105] Das Wort Simeons an die Mutter vom Schwert, »das mitten durch den Personkern, das wollende, liebende und mitfühlende Herz Marias, gehen wird, ist ein Hinweis darauf, dass sie in diesem Prozess der Scheidung der Geister einbezogen sein wird und schmerzlich darunter leiden wird«.[106] Die Mutter des Messias wird an der Ablehnung und dem Widerstand, den er erfahren wird, leiden und so am Leiden ihres Sohnes beteiligt sein. Von einem Mitleiden im stellvertretenden und erlösenden Sinn ist hier aber nicht die Rede. Maria und Josef lösen in der Darbringung ihres Sohnes im Tempel ihr Kind nicht aus, sondern liefern ihn in einer radikalen und umfassenden Weise Gott aus, damit er an und mit ihm tun kann, was ihm gefällt. Sie geben ihn frei, damit er das heilbringende Opfer am Kreuz für alle Welt vollziehen kann. Maria wird durch Simeon auf die Konsequenzen dieser Darbringung hingewiesen, auf die großen Schmerzen, die ihr dieses Opfer bringen wird.

Das prophetische Zeugnis der Hanna (Lk 2,36–38) verstärkt noch einmal das Zeugnis des Simeon, enthält aber kein neues Wort über Jesus und seine Mutter.

Als die Maria und Josef nun »alles vollendet hatten nach dem Gesetz des Herrn, kehrten sie wieder zurück nach Galiläa in ihre Stadt Nazareth. Das Kind aber wuchs und wurde stark, voller Weisheit, und Gottes Gnade war bei ihm« (Lk 2,39f.).

III

Luther hat das seit dem Mittelalter im Westen allgemein volkstümlich als *Mariä Reinigung* bezeichnete Fest beibehalten.[107] Mit dem Satz »Zuerst soll der Ursprung dieses Festes entknotet werden«[108] beginnt das zum Reinigungsfest überlieferte Predigtmaterial Luthers. In der Predigt von 1516 geht er auf den biblischen Hintergrund (Lk 2,22 ff.) nicht ein, sondern kritisiert die Verbindung des Gedächtnisses der Reinigung Marias mit dem heidnischen Lichterfest, mit dem die Städte Anfang Februar eine Reinigung vollzogen: »Sie besuchen die Gräber der Toten mit Lichtern und reinigen mit diesem Vorgang die Stadt: Sie glauben nämlich, die Toten dadurch günstig zu stimmen«[109]. Indem das Fest nun auf Maria übertragen wurde (Mariä Lichtmess), sollte die Lichterprozession Maria günstig stimmen. Dies lehnt Luther ab und weist darauf hin, dass nur der Glaube an Christus heilsam sei.[110] Maria solle nicht so verehrt werden, dass dadurch der Glaube an Christus geschmälert werde.

In der Predigt von 1523 an *Mariä Reinigung* kommt die Auslegung des biblischen Textes hinzu. Luther erklärt, dass die Gebote 2Mose 13,15 und 3Mose 12,4 nur für Kinder gelten, die von einem Mann gezeugt sind. Maria und ihr Kind unterliegen dem Gebot also gar nicht. Von daher kommt er zu einer ganz anderen Pointe: Maria vollzieht hier kein Gesetzeswerk, sondern handelt spontan, Gott zu Ehren und dem Nächsten zum Nutzen. Das sind Werke der Liebe, uns zum Beispiel gegeben.[111] Wir können hieran die Demut Marias und Christi lernen.[112] Immer wieder betont Luther, dass Maria, weil sie ihr Kind als Jungfrau geboren hat, dem

Gesetz nichts schuldig gewesen sei. Dennoch habe sie in Demut gehandelt wie andere Frauen.[113] Diese Auslegung will Christus und seine Mutter als frei vom Gesetz darstellen. Die Mutter des Gottessohnes, die vom Heiligen Geist empfangen hat, steht als reine Jungfrau über dem Gesetz. Damit wird für Luther die Lehre von der immerwährenden Jungfrauenschaft Marias (semper virgo) bestimmend für die Auslegung dieses Textes: Maria stellt sich zwar freiwillig den anderen jüdischen Müttern gleich, ist ihnen aber wesentlich unvergleichbar bzw. überlegen.[114]

Luther hat bis zu seinem Tode regelmäßig am Fest *Mariä Reinigung* gepredigt. Er hat auch nie dafür plädiert, dieses Fest abzuschaffen. Bis heute hat es seinen Ort am 2. Februar als »Tag der Darstellung des Herrn (Lichtmess)« auch im Festkalender der evangelischen Kirchen in Deutschland[115], wird in der Praxis aber wohl nur selten als eigenständiges Fest begangen. Nach der Perikopenordnung wird Lk 2,22–24(25–35), das Evangelium zum »Tag der Darstellung des Herrn«, am 1. Sonntag nach dem Christfest in den Gottesdiensten der evangelischen Kirchen verlesen bzw. gepredigt.

Während die nicht neutestamentlich begründeten Marienfeste seit der Reformation mehr und mehr zurückgetreten sind und schließlich ganz abgeschafft wurden, sind die Feste *Mariä Verkündigung* (25. März) und *Mariä Reinigung* (2. Februar), wie dann später auch in der Liturgiereform des 2. Vatikanischen Konzils, zu Herrenfesten umbenannt worden und erscheinen in den Ordnungen des evangelischen Kirchenjahrs als *Tag der Ankündigung der Geburt des Herrn* und als *Tag der Darstellung des Herrn (Lichtmess)*.

IV

In den vierziger Jahren des letzten Jahrhunderts hatte die Gründerin des Ordens »Kleine Schwestern Jesu von Charles de Foucauld«, Schwester Madeleine, die Vision von einer völlig neuen Darstellung der Mutter Gottes, nicht einer Mutter, die ihr kleines Kind innig und zärtlich in ihren Armen festhält, sondern die der Welt ihr kleines Kind Jesus schenkt. Sie reicht es hin mit einer Geste, die so ausdrucksstark ist, dass niemand davon unberührt bleiben kann. Inspiriert von dieser Vision schuf ihre Mitschwester Cathérine diese Maria mit Kind und gab ihr den Titel: »Notre Dame du monde entier«, d. h. »Unsere liebe Frau [schenkt ihr Kind] der ganzen Welt«.

Nicht das Bergende und Beschützende des mütterlichen Umgangs mit dem Kind, das ja auch immer etwas Festhaltendes und Zurückhaltendes hat, sondern das Loslassen, die Hingabe, das Hinschenken in Freude finden in dieser Figur ihren schlichten, aber auch starken Ausdruck. Das Kind gehört nicht der Mutter, sondern Gott. Es darf nicht privatisiert und zurückgehalten werden. Es wird in einer selbstverständlichen und freien Haltung und Geste »aufgeopfert«, d. h. hingeschenkt. Maria entzieht ihr Kind zunächst der Welt, indem sie es Gott opfert. Von Gott bekommt sie es neu geschenkt und gibt es der ganzen Welt. Die Freiheit und Freude der hinschenkenden Mutter finden sich in der Geste des Kindes wieder, das sich mit ausgebreiteten Armen der Welt zuwendet. Weil es von der Mutter freigegeben wird, ist es frei in seiner Hinwendung zur Welt.

Notre Dame du monde entier. Tonplastik von Schwester Cathérine.
Foto: Gerhard Jost.

Gegrüßet seist du Maria, voll der Gnaden, der Herr ist mit dir.
Du bist gebenedeit unter den Frauen
und gebenedeit ist die Frucht deines Leibes Jesus,
den du im Tempel aufgeopfert hast.

Heilige Maria, Mutter Gottes, bitte für uns Sünder,
jetzt und in der Stunde unseres Todes.
Amen.

Aus dem freudenreichen Rosenkranz

V

Außerordentliche religiöse Erfahrungen können aus der sozialen und kultischen Ordnung zeitweise herausführen, manche kann man auch nur außerhalb der kultischen und sozialen Ordnung machen. Oft sind Trennungen als Voraussetzung oder als Folge einer religiösen Erfahrung unvermeidlich. In der Einsamkeit der Wüste, auf dem heiligen Berg, vor den Toren der Stadt, jenseits der Ordnung des Gesetzes etc. geschehen Berufungen, Erleuchtungen, werden Opfer gebracht. Immer aber führt die Berufung bzw. der Auftrag wieder zurück in die alte oder auch neue kultische und soziale Ordnung.

Das Reinigungsopfer im Tempel zu Jerusalem ist Marias Weg zurück in die kultische Ordnung des jüdischen Gesetzes. Indem Maria diesen Reinigungsakt vollzieht, stellt sie sich und ihren Sohn demütig unter das Gesetz und kehrt zurück in die jüdische Kultgemeinde. Der neue religiöse

Aufbruch, der von diesem Kind ausgehen soll, nimmt seinen Anfang im jüdischen Tempel. Der, den Gott »bereitet hat vor allen Völkern, ein Licht, zu erleuchten die Heiden« (Lk 2,31 f.), wird von seiner Mutter an den Ort gebracht, wo das Haus seines Vaters ist und wo auch er sein muss (Lk 2,49).

Es ist die Versuchung aller Mütter und Väter, ihr Kind besitzen zu wollen. Aber sie müssen, oft unter großen Schmerzen, lernen es loszulassen und freizugeben. Dieses Opfer wird u. a. in der Praxis der Kindertaufe thematisiert und ritualisiert. Eltern werden eingeladen bzw. aufgefordert, ihr Kind als Gabe Gottes anzunehmen und es ihm in der Taufe anzuvertrauen und zurückzugeben.

Im Vollzug der Taufe wird das Kind aus dem Einflussbereich der Eltern und der Welt herausgenommen und in den Herrschafts- und Machtbereich des Leibes Christi gestellt. Ein Bewusstsein der Eltern und Paten für dieses dramatische Geschehen, bei dem es um Tod und Leben geht (Röm 6,3 f.), ist in der volkskirchlichen Praxis der Kindertaufe oft nicht vorhanden. Die Kindertaufe ist hier und da zu einem harmlosen freundlich netten Familienfest geworden, man feiert sie deshalb auch lieber im privaten Kreis statt in der Öffentlichkeit des Gemeindegottesdienstes. Für Pfarrerinnen und Pfarrer ist es oft nicht einfach, im Taufgespräch oder in der Taufansprache die heilsgeschichtliche und ekklesiologische Dimension der Taufe zu vermitteln. In einer gesellschaftlich und kirchlich weit verbreiteten narzisstischen Grundmentalität erwartet man in der Taufe eher den Segen, als dass man sich auf so abgründige Vorgänge wie Opfer, Hingabe, Sterben und Auferstehen ansprechen lassen möchte.

Nachdem in den meisten evangelischen Taufagenden die Absage an das Böse vor der Taufe nicht mehr vorkommt, ist auch die Taufe in ihrer heilsgeschichtlichen Dramatik erheblich abgemildert und verschleiert worden. Wenn Eltern, Paten und Gemeinde heute oft keinen Unterschied mehr zwischen Kindersegnung und dem Sakrament der Taufe erkennen und benennen können, dann ist das sicher auch ein Ergebnis der theologisch und kirchlich zu verantwortenden Verharmlosung der Taufe, wie sie sich in den Reformen der Taufliturgien der letzten Jahrzehnte zeigt.

Religiöse Erfahrung und religiöse Praxis werden heute gern individuell gesucht und gestaltet. Der Leib Christi und die Gemeinde als Kraftfeld spiritueller Praxis geraten dabei zunehmend aus dem Blick. Man kann sich zeitweise von ihnen entfernen, wird aber auf Dauer nicht ohne sie auskommen können. Manchmal gehört dazu auch die Demut der Maria, sich freiwillig in das Leben einer ganz normalen Gemeinde einzugliedern. Hier ist der Ort, wo Glaube von Gott gestiftet und vom Menschen empfangen und erwidert wird.

Eine sehr schöne Beschreibung der spirituellen Haltung der Hingabe und des Loslassens im Sinne des Gabentausches findet sich in dem Weihnachtslied von Paul Gerhardt von 1653, das 1736 von Johann Sebastian Bach vertont worden ist:

Ich steh an deiner Krippen hier,
o Jesu, du mein Leben;
ich komme, bring und schenke dir,
was du mir hast gegeben.

Nimm hin, es ist mein Geist und Sinn,
Herz, Seel und Mut, nimm alles hin
und lass dir's wohgefallen.[116]

Gott kann man nichts Eigenes schenken, sondern nur das zurückschenken, was man zuvor von ihm empfangen hat. Die Opfergabe ist nichts von der eigenen Person Getrenntes, nicht eine pekuniäre oder moralische Leistung, sondern die radikale Hingabe der eigenen Person im umfassenden und ganzheitlichen Sinn. Es geht in dieser neuen Qualität der Opferpraxis nicht mehr darum, erstgeborene Kinder, reine Tiere und kostbare Güter zu opfern, sondern - wie Paulus sagt - sich selbst, die eigene Person bis hinein in ihre Leiblichkeit als ein Opfer hinzugeben, »das lebendig, heilig und Gott wohlgefällig ist« (Röm 12,1).

VI

Wer getauft ist und damit in den Herrschafts- und Machtbereich Gottes geraten ist, ist zugleich »in das energetische Flussgeschehen von Lebenskraft leiblich einbezogen«.[117] Durch spirituelle Übungen kann man nun methodisch dafür sorgen, dass man dem Einfluss der göttlichen Kraft möglichst andauernd ausgesetzt bleibt.

Als Übung empfiehlt sich hier ein Körpergebet, das als Taufvergegenwärtigung zu verstehen ist und am Morgen (und/oder am Abend) vollzogen werden kann.[118]

Ich entsage dem Bösen.	*Die rechte Hand zeigt mit ausgestrecktem Arm abwehrend nach Westen - danach entschlossene Körperwendung, das Gesicht schaut nach Osten.*
Ich gehöre dir, Christus.	
Mein Heiland,	*Die Arme werden kreuzförmig zur Seite ausgestreckt.*
mein Haupt,	*Die Hände werden auf dem Kopf zusammengeführt.*
mein einziges Leben.	*Die Arme werden auf der Brust verschränkt, dabei wird eine Verbeugung gemacht.*

Die leibliche Wendung von Westen nach Osten ist Bestandteil des altkirchlichen Taufritus.[119]

In der sprachlichen und leiblichen Wendung dieses Körpergebets wird der in der Taufe bereits vollzogene Machtwechsel realisiert, vergegenwärtigt und gewinnt für den Tag Bedeutung. Im Namen und in den Prädikaten des Erlösers sind Kräfte enthalten, die das Leben in den folgenden Stunden bestimmen werden. Ein solches Ritual schafft »Orientierung« im wörtlichen Sinn und hilft in den großen und kleinen Zusammenhängen des Lebens opferfähig zu werden und zu bleiben.

*Herr, mein Gott, du bist der Geber aller guten Gaben.
Ich danke dir für alles, was ich von dir empfangen habe.
In der Taufe hast du mich befreit aus der Macht des Bösen
und mir ewiges Leben geschenkt.
Gepriesen bist du, Herr, mein Gott
und gepriesen sei die Fülle des Lebens aus dir.
Lass mich wie Maria alles loslassen
und in Freiheit und Freude dir und den Menschen geben,
was ich bin und habe.
Amen.*

6. Die Reine

In einer Zeit, in der menschliche Perversitäten überhand zu nehmen scheinen und Informationen und Bilder davon über die Massenmedien bis in unsere Seelen und Hirne dringen, erscheint menschliche Reinheit als ein kaum mehr vorstellbares Ideal mit hoher Attraktivität. Die beschmutzten Seelen suchen das Reine und Unverdorbene, um sich an ihm aufzurichten oder um es, aus welchen Gründen auch immer, mit ihrer Perversion zu erniedrigen und zu beschmutzen.

Menschen haben im Lauf der Menschheits- und Religionsgeschichte verschiedene Praktiken entwickelt, um sich vor Verunreinigungen zu schützen bzw. davon zu befreien. Im Blick auf die immer wieder neuen Kanäle, über die Unreines in die Welt und in menschliche Leiber und Seelen dringt, bedarf es immer wieder neuer Schutzmaßnahmen. So ist in unseren Tagen die Frage sehr aktuell, was Bilder von pervertierter Gewalt und Sexualität bei Menschen und insbesondere Kindern auslösen können und wie man sich beim täglichen Fernsehkonsum und beim Umgang mit den Medien vor diesen Bildern schützen kann.

Durch Fasten- und Reinigungsriten versuchen Menschen, auch wenn dies nur noch selten primär religiös motiviert ist, sich körperlich, mental und geistlich von unheilvollem Einfluss zu befreien und zu entleeren. Psychotherapien, Entziehungskuren, Fasten- und Meditationsübungen, Joggen, Walking und wie die neuesten Techniken und Methoden auch heißen: Sie alle sollen wesentlich zur körperlichen und seelischen Entleerung und Reinigung beitragen. Wenn diese Reinigungsriten nicht mehr greifen, können Menschen psychisch und physisch krank werden und auch in neurotische Zwangshandlungen abgleiten.

Auch im religiösen Bereich gibt es ein tiefes menschliches Bedürfnis nach Reinigung und Wandlung, z. B. vor dem Betreten eines Heiligtums oder vor religiösen Handlungen. Körperliche Präparationen, Gewissenserforschung, Opferhandlungen sowie die Rezitation heiliger Worte dienen von jeher der Reinigung von Beschmutzungen und Verfehlungen und sollen den ursprünglichen Zustand wiederherstellen, bzw. den Probanten kultfähig machen. Die Gottheit wird als Inbegriff des Reinen gedacht und zu ihr kann nur gelangen, wer selbst rein ist. Der Beter des 24. Psalms fragt: »Wer darf auf des Herrn Berg gehen, und wer darf stehen an seiner heiligen Stätte?« Und er gibt die Antwort gleich dazu: »Wer unschuldige Hände hat und reinen Herzens ist, wer nicht bedacht ist auf Lug und Trug und nicht falsche Eide schwört: der wird den Segen vom Herrn empfangen und Gerechtigkeit von dem Gott seines Heiles« (V. 4f.). Und Jesus sagt: »Selig sind, die reinen Herzens sind; denn sie werden Gott schauen« (Mt 5,8). In der Religionsgeschichte ist eine Tendenz zur Verinnerlichung der Reinheitsvorstellungen zu beobachten. Das »reine Herz« als Inbegriff des reinen Wollens und Handelns löste zunehmend Vorstellungen von körperlichen Verunreinigungen ab. Dennoch wird Reinheit nach wie vor - auch wenn sie innerlich gesucht wird - durch äußerlich- körperliche Praktiken angestrebt.

So gab und gibt es auf der Suche nach Reinheit die Ausrichtung an heiligen, reinen Menschen. Die Religionen haben immer wieder einzelne Menschen als Personifikation des Reinen vorgestellt. Im Christentum ist natürlich Jesus Christus der Inbegriff von Reinheit. Aber da er als Menschen- und Gottessohn zugleich verehrt wird, ist und bleibt sein Beispiel für Normalsterbliche unerreichbar.

An seiner Stelle ist im Christentum Maria, »die reine Magd«, zum Symbol für Reinheit geworden. Die weiße Lilie ist die Blume, die ihr als Symbol der Reinheit beigegeben wurde.

Von Maria wird im katholischen Dogma von der *immaculata conceptio* von 1854 behauptet, dass sie im Moment ihrer Empfängnis durch ihre Mutter Anna von der Erbsünde, der kollektiven menschlichen Verunreinigung schlechthin, bewahrt worden ist. Maria erscheint nach dieser Lehre als die »Erst- und Vollerlöste«, bei der die Sünde nie eine Chance hatte, in deren Leben die Gnade von Anfang an mächtiger war als die Sünde, die vor aller Verschmutzung und Verunreinigung durch die Sünde bewahrt worden ist.

I

Es hat lange gedauert bis die Vorstellung von der »unbefleckten Empfängnis« Marias zum Dogma erhoben wurde. Das Fest der *immaculata conceptio* wurde 1476 von Papst Sixtus IV. in der römischen Kirche eingeführt, nachdem es zuvor und auch danach immer wieder umstritten war. Am 8. Dezember 1854 verkündete Papst Pius IX. nach intensiven

Beratungen unter den katholischen Bischöfen folgendes Dogma: »Die Lehre, dass die seligste Jungfrau Maria im ersten Augenblick ihrer Empfängnis durch ein einzigartiges Gnadenprivileg des allmächtigen Gottes, im Hinblick auf die Verdienste Jesu Christi, des Erretters des Menschengeschlechtes, von jedem Schaden der Erbsünde unversehrt bewahrt wurde, ist von Gott geoffenbart und darum von allen Gläubigen fest und beständig zu glauben«.[120] Der Begriff »Empfängnis« bezieht sich, was leider oft verwechselt wird, nicht auf den Akt durch den Jesus Christus gezeugt wurde, sondern ausschließlich und allein auf den Beginn der Existenz des Menschen Maria, also auf ihre passive Konzeption.

Katholische Lehre deutet die dahinter stehende Lehre von der Erbsünde so, dass jeder Mensch Kraft seiner Zugehörigkeit zur Menschheit und daher auch von Beginn seines Menschseins an und vor jeder personalen Eigenentscheidung in einen allgemeinen und sozialen Schuldzusammenhang gehört, den er durch seine individuellen Sünden aktiviert und intensiviert. Auch Maria sei diesen Tatsachen unerbittlich und unausweichlich unterworfen. So findet sie sich »mit allen erlösungsbedürftigen Menschen in der Nachkommenschaft Adams verbunden«.[121] Sie ist in jeder und so auch in dieser Hinsicht angewiesen auf Erlösung, die nicht nur negativ als Befreiung von der Erbsünde, sondern auch positiv als Heiligung, Neuschöpfung, Gotteskindschaft, neues Leben zu definieren ist und allein durch das Verdienst Jesu Christi am Kreuz erworben wurde.[122] Das »einzigartige Gnadenprivileg«, das sie von allen anderen Menschen unterscheidet, bestehe nun darin, dass die zukünftige Mutter des

Erlösers im Augenblick ihrer Empfängnis von jedem Schuldzusammenhang erlöst wurde, bevor der Erlöser durch sie zur Welt kommen und das Heil erwirken konnte. Sofern Maria »der Beginn der überbietenden Erlösung ist, gehört alles, was damit in Zusammenhang steht, also auch die unbefleckte Empfängnis, bereits zu diesem schöpferischen Geschehen, zum absolut Neuen, das mit Christus begonnen hat«.[123] Römisch-katholische Theologen haben darum Maria die »Voll- oder Ersterlöste« (K. Rahner), »Symbol der neuen Menschheit« (L. Boff) und »Typus der reinen Kirche« (J. Ratzinger) genannt. Maria wird als »Symbol unserer Erlösung« (A. Grün) und als Vertreterin einer neuen Menschheit vorgestellt. »Was Gott an Maria bewahrend wirkte, wirkt er als Befreier aller derer, die im Bad der Taufe der Christusgemeinschaft zugetan werden«[124], allerdings so, dass jene immer wieder von der Sünde infiziert werden, Maria aber für alle Zeit davor bewahrt worden ist.

Aus dem Glaubenssatz: »Maria ist von der Erbschuld bewahrt geblieben« folgt ein zweiter: »Maria ist heilig und sündenlos«. Beide Aussagen sind nach römisch-katholischer Auffassung ontologisch zu verstehen und nicht im Sinne einer zugerechneten fremden Gerechtigkeit. Um seinem Sohn »eine würdige Wohnung zu bereiten«, hat Gott »die seligste Jungfrau Maria schon im ersten Augenblick ihres Daseins vor jeder Sünde bewahrt«, heißt es im Tagesgebet am »Hochfest der ohne Erbsünde empfangenen Jungfrau und Gottesmutter«. Dahinter steht die uralte Ahnung bzw. Auffassung, dass Reines nicht durch Unreines geboren werden kann. So muss auch der Gottessohn in Maria eine reine und »würdige Wohnung« bekommen.

Wer die Sündenfreiheit Marias behauptet, muss sich allerdings mit ihren in den Evangelien berichteten allzu menschlichen Eigenschaften und Verhaltensweisen auseinandersetzen, etwa mit ihrem Nichtverstehen der Wege Gottes (Lk 1,34), ihrem Versuch, Jesus vom öffentlichen Auftreten abzuhalten (Mk 3,20f. 31–35 parr.), ihrer Ungeduld (Joh 2,3) u.a. Römisch-katholischen Kirchenleuten und Theologen waren diese Geschichten oft peinlich.[125] Maria sei zwar in ihrem Glauben angefochten gewesen, aber dennoch ohne Sünde geblieben. Sie sei die vollendete Heilige, weil sie allezeit die dem Herrn Zugewandte ist. Auch im Dunkel ihres Menschseins und in allen Anfechtungen habe sie im gehorsamen Glauben Gott die Treue gehalten. Aber nicht wegen ihres ethischen Lebenswandels, sondern »weil sie in konkreten Lebensbedingungen vorbehaltlos und verantwortungsbewusst dem Willen Gottes Folge geleistet hat«[126] sei sie den Gläubigen ein Vorbild des Glaubens.

II

Das Neue Testament kennt keine Bewahrung des Menschen vor der Schuldverfallenheit und Sünde, wie das römisch-katholische Dogma sie für Maria behauptet. Im Gegenteil, Paulus schreibt: »Es ist hier kein Unterschied: Alle haben gesündigt und die Herrlichkeit verloren, die Gott ihnen zugedacht hatte« (Röm 3,22b–23). »Denn wie durch den Ungehorsam des einen Menschen die Vielen zu Sündern geworden sind, so werden auch durch den Gehorsam des Einen die Vielen zu Gerechten« (Röm 5,19). Dass irgendein Mensch und sei es die Mutter Jesu aus diesem Schuldzusammenhang herausgenommen werden und von der Sünde bewahrt bleiben könnte, ist nach dem biblischen Zeugnis nicht möglich. Allein im Machtfeld des Leibes Christi, in den man durch die Taufe inkorporiert wird, ist ein Raum, in dem die Macht der Sünde gebrochen ist und die neue Schöpfung aufblüht. In diesem Machtfeld, »in Christus« bleiben, heißt: in der neuen Wirklichkeit der Erlösung leben. Nicht unangefochten, sondern immer wieder den Kampf des Glaubens kämpfend gehen die Erlösten den Weg der Heiligung. Heiligung vollzieht sich so, dass immer wieder göttliche Impulse in einem Menschen Resonanzen auslösen, die wiederum Konversionen bewirken. Den Anstoß zur Heiligkeit gibt Christus selbst: »Euch, die ihr einst fremd und feindlich gesinnt wart in bösen Werken, hat er nun versöhnt durch den Tod seines sterblichen Leibes, damit er euch heilig und untadelig und makellos vor sein Angesicht stelle« (Kol 1,21 f.; vgl. auch Eph 5,27). Die Reinigung und Heiligung geschieht »durch das Wasserbad im Wort, damit er [Christus] sie vor sich stelle als eine Gemeinde, die herrlich sei und keinen Flecken oder Runzel oder etwas dergleichen habe, sondern sie heilig und untadelig sei« (Eph 5,26 f.). Hier ist deutlich die Anspielung auf die Taufe herauszulesen, in der der Täufling im »Wasserbad« eingetaucht wird in die neue Wirklichkeit des Leibes Christi, der ohne Flecken und Runzeln ist und eine heilige und untadelige (immaculata) Wirklichkeit darstellt.

Für Maria hat der Prozess der Reinigung und Heiligung mit dem Gruß des Engels begonnen (Lk 1,26–38). Der Einfluss des Wortes Gottes mittels des Heiligen Geistes hat in ihrem Leib, ihrer Seele und in ihrem Geist Resonanzen ausgelöst, denen sie sich nicht verschloss, sondern in die sie gehorsam einwilligte: »Siehe, ich bin die Magd des Herrn, mir geschehe wie du gesagt hast« (Lk 1,38).

Reinigung und Heiligung geschehen nach dem Neuen Testament durch das Wort Gottes. Maria hatte in der Verkündigung dieses Wortes, nicht aber in ihrer unbefleckten Empfängnis, ein »einzigartiges Gnadenprivileg«: Sie wurde in einzigartiger Weise von diesem Wort berührt. Und indem sie das Wort aufnahm, dieses eine und entscheidende Mal und dann immer wieder in ihrem Leben, wurde sie gereinigt und geheiligt und zum Inbegriff der Reinheit, die Gott schenkt.

III

Luther hat in seiner Frühzeit noch die Anschauung von der *immaculata conceptio* Marias vertreten. Ihm ging es dabei um die Reinheit Marias und die Reinheit und Sündlosigkeit des von ihr geborenen Gottessohnes. Andere reformatorische Theologen distanzierten sich von dieser Lehre und kritisieren vor allem, dass sie nicht schriftgemäß sei. Natürlich sei Maria von einem Vater gezeugt und von einer Mutter geboren und so in Erbsünde empfangen worden. Allein Christus sei vor diesem Schuldzusammenhang von Gott bewahrt geblieben und rein und ohne Sünde empfangen worden. Christus wollte von Sündern geboren werden, in seinem Geschlechtsregister sind auch Sünder aufgeführt. Im Übrigen sei es für unser Heil unerheblich, ob Maria in der Erbsünde empfangen wurde oder nicht.[127]

August Friedrich Christian Vilmar, ein evangelischer Theologe des 19. Jahrhunderts und als solcher ein Marienverehrer, der das Beten des Rosenkranzes empfahl und sich für die Wiederbelebung der Marienfesttage als selbständige Feiertage einsetzte, sieht in dem Erschrecken Marias beim Gruß des Engels (Lk 1,29) ein Hinweis auf ihre Sündhaftigkeit. Dass sie nach der Geburt ihres Sohnes ein Reinigungsopfer im Tempel gebracht habe, sei ein weiterer Hinweis auf ihre Verstrickung in die Sünde.[128]

Evangelische Kritiker sehen durchaus den christologischen Bezug des Dogmas von der unbefleckten Empfängnis, fragen aber, ob es zulässig sei, »unter Absehung von den geschichtlichen Ereignissen des Marienlebens dogmatisch Rückschlüsse auf einen vermuteten inneren Vorgang zwischen Gott, Christus und Maria zu machen und dies als ›Offenbarung Gottes‹ zur verbindlichen Lehre zu erklären. In der Sache überzeugt die katholische Versicherung überhaupt nicht, Maria werde hier nicht aus der erlösungsbedürftigen Menschheit herausgenommen, vielmehr wird durch die Vorstellung von der Sündlosigkeit die Person Marias in eine falsche Parallele zu Christus gerückt«.[129]

In der behaupteten Vorherbewahrung und Vorhererlösung Marias wird sie so sehr aus dem menschlichen Bereich herausgehoben und ihrem Sohn gleichgestellt, dass hier die Gefahr ihrer Vergöttlichung zu sehen ist.

Im inkarnatorischen Geschehen der Menschwerdung Gottes kann man die Rolle Marias im Bild eines Gefäßes beschreiben, in das ein kostbarer Schatz gelegt wurde. Dieses Gefäß, ihr Menschsein, ist nicht sündlos oder wie immer auch »vergoldet«, sondern ein »irdenes Gefäß« (2Kor 4,7), das gegenüber dem kostbaren Schatz in seiner Bedeutung zurücktritt, weil es nur dienende Funktion hat und zerbrechlich und fehlerhaft ist. Es war offenbar der Wille Gottes, dieses Risiko einzugehen und seinen Sohn, das kostbarste, was er hatte, in den Schoß einer unbedeutenden, gewöhnlichen und sündigen Frau zu legen, »damit die überschwängliche Kraft« in diesem Geschehen als eine von ihm geschenkte und nicht von Maria kommende erkannt werden sollte. Deshalb muss das irdene Gefäß auch nicht nachträglich vergoldet werden. »Denn was schwach ist vor der Welt, das hat Gott erwählt, damit er zuschanden mache, was stark ist; und das Geringe vor der Welt und das Verachtete hat Gott erwählt, das, was nichts ist, damit er zunichte mache, was etwas ist, damit sich kein Mensch vor Gott rühme« (1Kor 1,27bff.). Dass Maria in ihrem Mensch- und Frausein eine schöpfungsmäßige und geistliche Disposition mitbrachte, die sie für ihre besondere Erwählung zur Mutter Gottes qualifizierte, ist bereits in den vorausgehenden Kapiteln erörtert worden. Dass sie in ihrer Jungfräulichkeit, in einer spirituellen Haltung für Gott ganz offen und verfügbar war, bedeutet aber nicht, dass sie diese Haltung aus einer eigenen *immaculata conceptio* geschenkt bekam. Als Frau von Nazareth, als Jungfrau, Pilgerin, Gottesgebärerin und Opfernde war und blieb sie *irdenes Gefäß* und damit sündiger Mensch, den Gott durch die Infusion seines ewigen Wortes immer mehr gereinigt und geheiligt hat. Das göttliche Wort hat vielfältige Resonanzen in ihrem Leib, in ihrer Seele und in ihrem Geist ausgelöst und sie in einem Prozess der Heiligung fortwährend umgestaltet, so dass sie ihrem Sohn immer ähnlicher wurde.

Reinheit ist also keine Vorbedingung für göttliche Einwirkung auf einen Menschen, sondern göttliche Einwirkungen bewirken im Menschen, der sich ihnen öffnet, Reinheit und Heiligkeit.

Katholische Mariologie beginnt in der Regel mit der unbefleckten Empfängnis Marias und sieht in ihrer Reinheit die gnadenhaft geschenkte ontologische Voraussetzung für die Inkarnation des Wortes Gottes. Evangelische Marienfrömmigkeit, wie sie hier entfaltet wird, endet mit der Betrachtung der Reinheit Marias, weil sie diese als Ergebnis der Einwirkungen des Wortes Gottes und des Gehorsam des Menschen versteht. Erst vom Ende her kann man sagen, was Reinheit und Heiligkeit ist, ob und wie ein Mensch immer mehr umgestaltet worden ist und sich hat umgestalten lassen in das Bild, das Gott von ihm hat.

Der Anknüpfungspunkt Gottes für die Erwählung Marias war nicht ihre Reinheit, nicht ihre Jungfräulichkeit und auch nicht ihr Gehorsam, sondern »die Niedrigkeit seiner Magd«, die Gott angesehen hat, so singt sie selbst voll Erstaunen im Magnifikat (Lk 1,48). Und so geht es weiter in der göttlichen Berufungsgeschichte: Es sind zuerst die einfachen Fischer vom See Genezareth, die Jesus zu seinen Jüngern macht; und es sind »nicht viele Weise nach dem Fleisch, nicht viele Mächtige, nicht viele Angesehene berufen, sondern was töricht ist vor der Welt, das hat Gott erwählt« (1Kor 1,26f.). Alle sind sie »irdene Gefäße«, sündige Menschen, in die Gott seinen Geist legt und die er zu seinen Platzhaltern in dieser Welt macht.

Unter den Einwirkungen des Wortes Gottes, das Maria in ihrem Leib empfangen, als Pilgerin zu Elisabeth getragen, in

Bethlehem geboren, im Tempel und viele andere Male geopfert, d.h. losgelassen und freigegeben hat, ist sie selbst rein geworden. »Er hat große Dinge an mir getan, der da mächtig ist und dessen Name heilig ist« singt sie voller Freude (Lk 1,49). In ihrem Tod ist sie schließlich eingegangen in die göttliche Vollendung der Heiligen.

IV

In der Frömmigkeitsgeschichte gab es immer wieder Versuche, das ethische Ideal und die Spiritualität der jeweiligen Zeit auf Maria zurückzuprojizieren und sie einmal als Muster christlichen Sexualverzichts, dann wieder als je gegenwärtiges Ideal von Mutterschaft, dann wieder als Vorbild der gebildeten Frau oder als Schönheitsnorm zu proklamieren. In der Kunst des 19. Jahrhunderts entstehen im Zusammenhang mit den zahlreichen Marienerscheinungen und der Verkündigung des Dogmas von der unbefleckten Empfängnis recht blutleere Mariendarstellungen, die als Inbegriff von Reinheit gelten sollen, z.B. die

»Maria von der unbefleckten Empfängnis« in Lourdes.

Kurz nachdem Pius IX. 1849 das Marianische Zeitalter und 1854 das Dogma von der unbefleckten Empfängnis proklamiert hatte, kam es in Lourdes am Fuß der französischen Pyrenäen zu den wohl berühmtesten aller Marienerscheinungen. Bernadette Soubirous, einem armen vierzehnjährigen asthmakranken Mädchen, erschien in der Zeit vom 11. Februar bis zum 16. Juli 1858 die Jungfrau Maria nicht

Madonna mit Kind und zwei Engeln (Ausschnitt). Filippo Lippi. Quelle: akg-images / Erich Lessing.

weniger als achtzehnmal und zwar als ein sehr junges Mädchen, das einen Schleier und eine azurblaue Schärpe trug, mit Augen »blau wie Vergissmeinnicht«. Man forderte Bernadette auf, sie nach ihrem Namen zu fragen und bei ihrem sechzehnten Erscheinen sagte sie endlich, sie sei die »Immaculata conceptio«, ein Ausdruck, den Bernadette nicht verstand. Die Statue der Maria von Lourdes wurde vom Bildhauer Joseph Fabish aus Lyon nach Angaben der Bernadette angefertigt.

Viele – und nicht nur evangelische Christen – stehen solchen Mariendarstellungen hilflos bis ablehnend gegenüber. Entsteht doch hier der Verdacht des Ausdrucks einer psychischen Verdrängung, oder anders ausgedrückt: das Ergebnis einer Kompensation. Je dunkler und schuldbefleckter der Mann das Bild der Frau in seiner Zeit malt, desto reiner und unbefleckter musste Maria gestaltet werden. Maria, die hier als Inbegriff der Sündlosigkeit und Reinheit erscheint, wird auf einen so hohen Sockel gesetzt, dass sie als Vorbild des Glaubens unerreichbar und zu einem unmöglichen Modell wird. Und so ist die sündlos-reine Maria »zum Symbol der Sterilität anstelle der Kreativität geworden, zum Symbol, an dem sich das schlechte Gewissen entzündet, weil niemand so rein sein kann wie sie«.[130] Und so ist die Unbefleckte schließlich »zur weißen Wachsfigur ohne Leben [geworden] an der sich ein Mensch aus Fleisch und Blut erkältet«.[131]

Demgegenüber gibt es viele Mariendarstellungen, die Reinheit jenseits jener glatten und kalten Sterilität ausdrücken. Auf der gegenüberliegenden Seite ist eine Maria dargestellt, deren Gesicht Klarheit, Nachdenklichkeit, Freude und Schmerz zugleich ausdrückt. In ihr erkennen wir die Frau aus Nazareth, die Jungfrau, die Pilgerin, die Mutter Gottes, die Magd des Herrn, die *mater dolorosa*, die Madonna in einem Antlitz. Im Zusammenfließen dieser verschiedenen Bilder sehen wir eine Frau, die Reife und Reinheit verkörpert. Ihr Antlitz strahlt Wärme und Zuwendung aus, ihr mag man sich gern anvertrauen, an ihr kann sich das Herz erwärmen.

V

Während die meisten Menschen vielleicht darauf achten, sich vor äußerlichen Verunreinigungen zu schützen, nehmen sie nicht ausreichend wahr, welche unreinen Mächte in ihnen aktiv sind und immer wieder zum Ausbruch kommen. Jesus weist die Pharisäer und Schriftgelehrten bei ihrer akribischen Sorge um die Einhaltung der mosaischen Reinheitsvorschriften darauf hin, dass es nichts gibt, »was von außen in den Menschen eingeht, das ihn unrein machen könnte, sondern was aus dem Menschen herauskommt, das ist's, was den Menschen unrein macht« (Mk 7,15); »denn von innen, aus dem Herzen der Menschen, kommen heraus böse Gedanken, Unzucht, Diebstahl, Mord, Ehebruch, Habgier, Bosheit, Arglist, Ausschweifung, Missgunst, Lästerung, Hochmut, Unvernunft. Alle diese bösen Dinge kommen von innen heraus und machen den Menschen unrein« (Mk 7,21 f.). Diese »Emotionen« (ex movere = das, was aus dem Menschen herauskommt), machen ihn wirklich unrein. Es geht also um ein reines Herz. Es geht darum, dass das Zentrum des Personseins des Menschen, das Herz, rein wird von den Lastern, die Jesus hier aufzählt. Denn das Herz gehört Gott und es ist zugleich Ort und Medium der Gottesschau, wenn Jesus sagt: »Selig sind, die reinen Herzens sind, denn sie werden Gott schauen« (Mt 5,8).

Wie wird das Herz leer von all dem Müll, der sich im Zentrum eines Menschen immer wieder ansammelt? Reinigung und Erfüllung des Herzens geschehen in einem energetisch-korporalen Austausch. Räumlich oder auch energetisch vereinfacht dargestellt heißt das: Es muss etwas hinaus, damit etwas Neues hineinkommen kann.

Auf der leiblichen Ebene, beim Atem wie bei der Nahrungsaufnahme, bei Verdauung und Ausscheidung vollzieht der Körper ständig solche Austauschprozesse. Sie sind aber auch auf der seelischen und geistlichen Ebene notwendig.

Seelische Reinigungs- und Austauschprozesse erfolgten früher regelmäßig in der Beichte. Nachdem diese Einrichtung kaum noch wahrgenommen wird, haben andere Institutionen wie etwa die Psychotherapie diese Aufgabe übernommen. Es ist nicht zu leugnen, dass auch im weltlichen Bereich der Therapien Entlastung, Entleerung, Befreiung und Vergebung erfahren wird. Oft bleiben aber die Klienten in diesen Prozessen stecken, weil sie ihre eigenen Richter und Erlöser sein müssen. In der Beichte wie in der Psychotherapie ist es nicht immer einfach, Menschen bei ihrer Entleerung zu helfen, wenn nicht Gott selbst das Wort spricht, das tröstet und befreit, so sind alle menschlichen Versuche der Entleerung und Befreiung hilflos und machtlos. Alle, die in der Psychotherapie oder Seelsorge arbeiten, wissen wie unverfügbar dieses befreiende Wort ist und wie erlösend, wenn es plötzlich geschenkt wird und ausgesprochen werden kann.

Es reicht aber allein noch nicht aus, dass das Herz des Menschen von aller Unreinheit entleert wird. Wenn nicht Gott selbst dort Raum nimmt, dann kehren die bösen Geister zurück »und es wird mit diesem Menschen hernach ärger, als es vorher war« (Mt 12,45).

Reinigung und Erfüllung geschehen marianisch gesprochen dann, wenn das Wort Gottes in einen Menschen kommt, in ihm wächst und Raum gewinnt. Deshalb: »Lasst das Wort Gottes reichlich unter euch wohnen: Lehrt und ermahnt einander in aller Weisheit; mit Psalmen, Lobgesängen und geistlichen Liedern singt Gott in euren Herzen« (Kol 3,16). Das Wort Gottes hat die Unreinheit im Herzen eines Menschen auszutreiben und zugleich den freigewordenen Raum mit der Präsenz des Göttlichen auszufüllen und zu heiligen. Deshalb ist es eine gute geistliche Übung, das Wort Gottes oft zu lesen, laut zu rezitieren, es nicht nur im Kopf zu bewegen, sondern ins Herz zu nehmen, d. h. »learning by heart«. Nicht in der kognitiven Durchdringung, sondern in der ganzheitlichen Aufnahme liegt seine heilsame Kraft der Reinigung und Heiligung.

Menschen können am Beispiel Marias lernen, was Reinheit ist, nämlich mehr als eine sexuell-asketische oder moralische Enthaltung, sondern eine spirituelle Haltung der Leere, der Offenheit, der wachen Präsenz im Augenblick, die Gott einlädt, Wohnung im eigenen Herzen zu nehmen. Christen können selbst Maria werden, indem sie das Heilige empfangen, es in sich wachsen lassen und zur Welt bringen.

VI

Als Kinder wurden wir angeleitet zu beten: »Ich bin klein, mein Herz ist rein, soll niemand drin wohnen als Jesus allein.« Als wir älter wurden, kam uns solches Beten naiv vor. Unsere Gebete wurden ausführlicher und komplizierter. Manchmal wissen wir nicht mehr, was und wie wir beten sollen.

Aus der orthodoxen Tradition ist eine Gebetspraxis zu uns gedrungen, die als »Jesusgebet« oder »Herzensgebet« bekannt geworden ist.[132] Sie vereinfacht das Beten und reduziert es auf einen Satz, der mit dem Atem verbunden, immer wieder neu rezitiert wird und so zu einer Form des »immerwährenden Gebetes« (1Thess 5,17) werden kann. Seine Grundform lautet:

Herr Jesus Christus,
erbarme dich meiner!

Der erste Teil des Satzes wird mit dem Einatmen verbunden, der zweite mit dem Ausatmen. Es kann in diesem Zusammenhang nur andeutend von dieser Art zu beten gesprochen werden. Wie man es mit dem Herzen bzw. im Herzen betet und welche Kraft insbesondere der Name »Jesus« dabei hat, das bedarf doch einer guten Hinführung, ständiger Übung und wenn möglich einer Begleitung durch eine/n erfahrene/n geistliche/n Lehrer/in. Aber mit dem Gebet anfangen kann jeder, der Sehnsucht hat, im Herzen, der Mitte der Person gereinigt und erfüllt zu werden von der Gegenwart Jesu.

Herr, mein Gott, du bist heilig, vor dir kann nichts
Unreines bestehen.
In Jesus Christus, deinem Sohn, hast du dich meiner
angenommen,
und mich von aller Sünde rein gewaschen.
Gepriesen bist du, Herr, mein Gott
und gepriesen sei deine Liebe, die sich meiner
angenommen hat.
Erbarme dich meiner und schenke mir wie Maria ein
reines Herz,
dich zu schauen und dir zu dienen.
Amen.

7. Die Vollendete

Menschen haben oft eine große Sehnsucht, die Begrenztheit und Enge ihres Lebens zu übersteigen und endgültig oder zeitlich und räumlich begrenzt die Welt hinter sich zu lassen, um in eine größere Weite und Freiheit zu gelangen. Dieser Wunsch nach Entgrenzung geht oft einher mit der Sehnsucht nach Glück und Vollendung, dem Aufgehen in einer größeren Wirklichkeit. Manche suchen die Ekstase, das Außer-sich bzw. Außer-der-Welt-Sein, das oft mit enthusiastischen Erfahrungen verbunden ist. Die Wege, die Menschen dabei gehen, reichen vom Alkohol- und Drogenkonsum über Tanz, Sport bis hin zum Musikhören[133] oder dem Vollzug eines religiösen Rituals. Es ist deutlich, dass ekstatische Erlebnisse sowohl innerhalb als auch außerhalb eines bestimmten religiösen Lebenszusammenhangs gemacht werden können.

Die Sehnsucht nach »Ekstase« in ihrer religiösen Dimension artikuliert sich bei Paulus so: »ich habe Lust, aus der Welt zu scheiden und bei Christus zu sein, was auch viel besser wäre« (Phil 1,23); »denn Christus ist mein Leben und Sterben ist mein Gewinn« (Phil 1,21). Die Sehnsucht des Paulus geht noch weiter: Er will nicht nur zeitweise aus dieser Welt hinaustreten, er will sterben! Aber er weiß auch, dass der letzte Transitus, die endgültige Übersiedlung in die andere Welt, nicht durch seinen Willen und seine Kraft vollzogen werden kann. Außerdem hat er noch eine Aufgabe an der christlichen Gemeinde zu erfüllen, weshalb »es nötiger ist, im Fleisch zu bleiben«.

I

Bald nach dem Konzil von Ephesus (431) war das Fest der »Aufnahme Marias in den Himmel« im Osten aufgekommen. Von Kaiser Mauritius (582–602) wurde der 15. August als Feiertag anerkannt. In der römischen Kirche wird das Fest seit dem 7. Jahrhundert gefeiert.

Die Evangelisten, die kein Interesse an der Darstellung des Lebenslaufs von Maria hatten, berichten auch nichts über ihren Tod. Es ist vor allem gläubige Imagination, die dem Verlangen nach biographischer Vollständigkeit nachkommt und ausführlich über den Tod und Transitus Marias berichtet. Die im 5. Jahrhundert entstandene apokryphe Abhandlung »De transitu beatae Mariae virginis«, ein fiktives Sterbeprotokoll unbekannter Herkunft, berichtet ausführlich über Tod und Himmelfahrt der göttlichen Jungfrau. Das »Decretum Gelasianum de libris recipiendis et non recipiendis« vom Anfang des 6. Jahrhunderts ordnet es unter die theologisch verdächtigen und damit zu verwerfenden Schriften. Vor ihrem Tod, so berichtet die Abhandlung »De transitu Mariae«, erscheint Maria ein Engel und bringt ihr einen Palmzweig als Hinweis auf den Lebensbaum im Paradies und kündigt ihr an, dass sie binnen drei Tagen sterben werde. Danach werde sie Gott in den Himmel aufnehmen. Maria ruft ihre Verwandten, um sich von ihnen zu verabschieden. Ohne dass sie jemand benachrichtigt, kommen auch alle Apostel zu ihr. Auf wundersame Weise schweben sie durch die Lüfte und werden vor Marias Haus abgesetzt. Die ganze Nacht über wachen und beten sie bei Maria, zünden Lampen an, psalmodieren und singen Hymnen, bis Christus zur angekündigten Stunde erscheint und Marias Seele in seine Hände nimmt und sie in den Himmel trägt.[134]

Das Gedächtnis der Entschlafung (dormitio) und Bestattung (depositio) Marias wird seit dem 5. Jahrhundert in der Marienkirche im Kedron-Tal in Jerusalem, die über dem vermeintlichen oder tatsächlichen Mariengrab erbaut worden war, gefeiert. Jerusalempilger des 7. und 8. Jahrhunderts, die von dem Besuch in der Kirche der Heiligen Maria berichten, erwähnen immer das leere Grab, in dem Maria bis zu ihrer Aufnahme in den Himmel gelegen haben soll. Als Brigitta von Schweden (geboren 1373) als Pilgerin in Jerusalem das Grab Marias besuchte, sei ihr in einer Vision die göttliche Jungfrau in strahlendem Lichterglanz erschienen und habe gesagt, dass sie fünfzehn Tage lang in diesem Grab gelegen habe, danach sei sie mit grenzenlosem Jubel in den Himmel aufgenommen worden.

Die Transituslegende aus dem 5. Jahrhundert fand im hohen und späten Mittelalter eine große Verbreitung. Dichter, Maler, Prediger und Legendenschreiber haben sich ihrer als historischer Quelle bedient, wenn sie in Marienleben, Predigten und Legendarien, in geistlichen Spielen und bildhaften Darstellungen den Tod Marias veranschaulichen wollten. Kirchliche Dekrete, die apokryphe Berichte über die Aufnahme Marias in den Himmel an den Pranger stellten, begründeten demgegenüber keine kritische Tradition. »Das Verlangen, durch eine leibliche im Himmel anwesende Maria die eigenen Heilschancen zu verbessern, war stärker als die Bereitschaft, dem Einspruch einer auf Tatsachenwahrheit pochenden Vernunft stattzugeben.«[135] Was sich im 5. Jahrhundert ein anonymer Erzähler über den Heimgang Marias (»De transitu Mariae«) ausgedacht hatte, gehörte im hohen und späten Mittelalter bereits zum allgemeinen Glaubensgut der Kirche. Theologen waren jetzt bemüht, die Glaubwürdigkeit von Marias Sterbe- und Himmelfahrtsgeschichte durch biblische Analogieschlüsse zu belegen.

Umstritten war in der römisch-katholischen Kirche über Jahrhunderte die Lehre von einer *leiblichen* Aufnahme Marias in den Himmel. Am 1. November 1950 schließlich verkündete Papst Pius XII. folgendes Dogma: »Es ist eine von Gott geoffenbarte Glaubenswahrheit, dass die unbefleckte, immer jungfräuliche Gottesmutter Maria nach Vollendung ihres irdischen Lebenslaufes mit Leib und Seele zur himmlischen Herrlichkeit aufgenommen ist«.[136] Vorausgegangen war eine Bewegung in der römisch-katholischen Kirche, in der Millionen von Gläubigen und beim Konzil von 1870 über 200 Bischöfe die Definition dieses Dogmas forderten. Der Weg zu seiner Formulierung führte weniger über die argumentative Theologie, sondern über gläubige Marienverehrung, die nicht zuletzt durch die Marienerscheinungen von La Saletta 1846, Lourdes 1858 und Fatima 1917 Nahrung und Bestätigung fand.

Das von Papst Pius XII. verkündete Dogma will nach römisch-katholischer Interpretation sagen: »Maria lebt in der Herrlichkeit Gottes. Sein Inhalt ist also die *eschatologische Verherrlichung der jungfräulichen und heiligen Mutter Gottes*.«[137] Aber was ist damit gemeint? Pius XII. setzte noch ganz unbefangen die herkömmliche Lehre vom sogenannten *Zwischenzustand* voraus, wonach nicht nur die Seele nach dem Tod des Menschen weiterlebt (wie in gnostischen Anschauungen), sondern der *ganze Mensch*. Der Leib verwest, die Seele lebt an ihrem eschatologischen Ort (Himmel, Hölle oder Purgatorium). Am jüngsten Tag beim Endgericht wird der Leib wieder erweckt und mit der Seele vereint, der ganze Mensch lebt für ewig. In dieser Vorstellung von den letzten Dingen erschien es als ein bedeutsames Privileg, dass bei Maria die Auferweckung des Leibes sofort nach ihrem Tod erfolgt ist. »Inzwischen ist die Lehre vom ›Zwischenzustand‹ erheblich in Frage gestellt worden. Die Mehrzahl der Theologen neigt der Auffassung von einer Auferstehung des Menschen im Tode zu.«[138] Der ganze Mensch, die ganze Persönlichkeit Marias habe zur eschatologischen Vollendung gefunden. »Ihre Aufnahme in den Himmel ist nicht die Wiederbelebung ihres Leichnams, nicht die Erhöhung einer vom Körper losgelösten Seele, sondern die vollständige Verwirklichung der Frau Maria aus Nazareth in der Unbedingtheit Gottes. Die Verherrlichung Marias ist ganzheitlich, einschließlich ihrer Verwurzelung in der Erde, ihrer materiellen und fleischlichen Last, ihres Bezuges zu Kosmos und Geschichte.«[139] Das Privileg Marias bestehe darin, dass sich in ihr vollendet hat, was jeder Christ im Bekenntnis des Glaubens formuliert: »Wir erwarten die Auferstehung der Toten und das Leben der kommenden Welt« (Nicaenum).

Anselm Grün ist davon überzeugt, dass wir an *Mariä Himmelfahrt* »mit Maria unser eigenes seliges Ende und Ziel, unsere Aufnahme in den Himmel, unsere Verklärung durch Christus« feiern[140]. Wenn sich auch evangelische Christen in diesem Fest wiederfinden sollen mit ihrer Hoffnung auf Vollendung ihres Lebens in der Herrlichkeit Gottes, dann wird es wohl darum gehen müssen, dass das im Dogma von der Assumptio behauptete Privileg Marias, ihre Sonderstellung in der eschatologischen Vollendung, aufzubrechen ist und deutlich werden muss, dass jeder getaufte und vom Heiligen Geist erfüllte Mensch mit Maria in der Gemeinschaft der Heiligen seiner Vollendung entgegengeht.

Das Fest der »Aufnahme Marias in den Himmel« mit seinen biblischen und liturgischen Texten beinhaltet eine Fülle von religionsgeschichtlich wichtigen Motiven, die sich mit der Himmelfahrt Marias verbunden haben: die Himmelsreise (Transitus), die Verwandlung des Leibes im Tod (1Kor 15; Phil 3,21), die Krone des Lebens (Offb 2,10; 12,1), die Himmelskönigin, die Braut, die Heilige Hochzeit usw. Diese Motive und Vorstellungen sollen im Folgenden auf ihre biblischen Grundlagen hin angeschaut werden.

II

Auch wenn von der Aufnahme Marias in den Himmel in den biblischen Überlieferungen nicht die Rede ist, so kommt doch das Motiv des Transitus, der *Himmelsreise*, in unterschiedlichen Zusammenhängen vor. Zunächst ist das Motiv der visionären Himmelsschau zu nennen. Stephanus, der erste christliche Märtyrer, sieht, erfüllt von heiligem Geist, »den Himmel offen und den Menschensohn zur Rechten Gottes stehen« (Apg 7,55f.). Petrus, ins Gebet vertieft, sieht »den Himmel aufgetan« und ein leinenes Tuch mit allerlei

Tieren herabkommen (Apg 10,11). Paulus berichtet gar von einer Reise bis in den dritten Himmel, ja bis ins Paradies. »Unaussprechliche Worte, die kein Mensch sagen kann«, hat er dort gehört. Ob er dabei »im Leib« oder »außer dem Leib« war, weiß er nicht mehr zu sagen (2Kor 12,1–5). Aber er misst diesen außerordentlichen Erfahrungen keine große Bedeutung für seinen Glauben bei. Seine körperliche und geistige Schwachheit hat ihn im Glauben wesentlich weiter gebracht, »denn wenn ich schwach bin, dann bin ich stark« (V. 10), so sagt er. Die erwähnten Erscheinungen und Offenbarungen gehören zum religiösen Typus der Visionen, letztere deutlich zum Typus des Transitus in die jenseitige Welt.

Menschen, vom heiligen Geist ergriffen, geraten außer sich (Ekstase) und erhalten Raum und Zeit übersteigend Einblick in die himmlische Welt oder reisen gar dorthin, kehren aber auch wieder zurück. Solche Erfahrungen gibt es in fast allen Religionen. Sie sind auch im Christentum verbreitet. Manchmal traut sich sogar ein Betroffener in der Seelsorge von solchen Erfahrungen andeutend zu erzählen, findet aber nicht immer Verständnis.

Aber auch Sterbende bzw. Tote, die reanimiert wurden, berichten von Transituserfahrungen, die als Himmelsreise zu beschreiben und mit religiös-visionären Erfahrungen vergleichbar sind.

Bei diesen Transituserfahrungen verwischt die oft undurchdringlich scheinende Grenze zwischen irdischer und himmlischer Welt, die gemeinhin der Tod markiert. Der Transitus und die Rückkehr machen deutlich, dass zwischen den Welten nur eine dünne Membran steht, die nach beiden Seiten hin durchlässig ist.

Was geschieht aber, wenn jemand nicht nur vorübergehend, sondern endgültig in die himmlische Welt übersiedelt? Paulus, der seinen Gemeinden das himmlische Ziel einer solchen Reise vor Augen stellen will, sagt: »Unser Bürgerrecht aber ist im Himmel; woher wir auch erwarten den Heiland, den Herrn Jesus Christus, der unseren nichtigen Leib verwandeln wird, dass er gleich werde seinem verherrlichten Leibe nach der Kraft, mit der er sich alle Dinge untertan machen kann« (Phil 3,20f.). An anderer Stelle macht Paulus am Bild des Samenkorns deutlich, wie diese *Verwandlung* geschieht: »Es wird gesät verweslich und es wird auferstehen unverweslich. Es wird gesät in Niedrigkeit und wird auferstehen in Herrlichkeit. Es wird gesät in Armseligkeit und wird auferstehen in Kraft. Es wird gesät ein natürlicher Leib (soma psychikos) und es wird auferstehen ein geistlicher Leib (soma pneumatikos)« (1Kor 15,42ff.). Der irdische natürliche Leib, der gelitten hat, kann nicht eingehen in die himmlische Welt, er wird im Tod verwandelt in den geistlichen Leib. Die Glaubenden werden aber auch schon hier und jetzt, wie Paulus sagt, »allezeit in den Tod gegeben um Jesu willen, damit auch das Leben Jesu an ihrem sterblichen Fleisch offenbar werde« (2Kor 4,11). Sie werden durch viele kleine und größere Sterbeprozesse ihrem Herrn immer ähnlicher, sodass sein Leben schon hier an ihnen und durch sie aufzuleuchten beginnt (2Kor 4,6). Jedes Sterben und Loslassen um Jesu willen ist eine Bereitung für die letzte Reise in die himmlische Welt. Zur Kunst des Sterbens (ars morendi) gehört es, die vielen kleinen von Gott zugemuteten Tode und Prozesse des Loslassens anzunehmen und sich durch sie auf die letzte Reise vorzubereiten. Jedes Sterben um Jesu willen wird so zu einer Bereitung für die Ewigkeit. »Denn unsere Trübsal, die zeitlich und leicht ist, schafft eine ewige und über alle Maßen gewichtige Herrlichkeit« (2Kor 4,17).

Wenn im römisch-katholischen Dogma von der leiblichen Aufnahme Marias in den Himmel die Rede ist, dann kann es sich auf Grund dieses biblischen Befundes nicht um den irdischen natürlichen Leib Marias mit ihrer »materiellen und fleischlichen Last«[141], sondern nur um den bereits verwandelten Leib (soma pneumatikos) gehandelt haben. Er ist aus dem irdisch-natürlichen Leib verwandelt hervorgegangen. Maria, die Frau aus Nazareth, die von Gott in besonderer Weise erwählte Jungfrau und Mutter seines Sohnes hat nach neutestamentlichem Verständnis in ihrer eschatologischen Vollendung keine Sonderstellung und kein Privileg. Selbst ihre Demut und ihr Gehorsam geben ihr keinen soteriologischen oder eschatologischen Vorrang vor allen, die durch die Taufe zu Christus gehören. Wenn römisch-katholische Theologen dennoch vom Privileg Marias ausgehen, bleiben sie allerdings jeden Schriftbeweis schuldig und geraten auch theologisch auf unsicheren Boden: »Von einem Privileg kann man unter dem Aspekt der Einzigartigkeit der Erwählung sprechen: So wie sie singulär ist, ist auch die Vollendung singulär. Es dürfte aber schwierig sein anzugeben, worin diese Einzigartigkeit genau besteht. Denn ›was wir sein werden, ist noch nicht offenbar geworden‹ (1Joh 3,2), so dass alle Spekulationen müßig sind«.[142]

Natürlich können auch evangelische Christen in Maria eine Vollendete sehen, »die schon am Ziel angekommen ist, die mit Leib und Seele in den Himmel aufgenommen worden ist«[143], allerdings in der Gemeinschaft derer, die ebenso bereits am Ziel angekommen sind, der Brüder und Schwestern in Christo, der himmlisch triumphierenden Kirche (ecclesia triumphans). Als die noch streitende Kirche (ecclesia militans) dürfen wir uns von denen, die uns im Glauben vorangegangen und bereits vollendet sind, unter ihnen auch Maria, ermutigen und im Glauben stärken lassen.

Maria und mit ihr alle, die Christus treu bis in den Tod waren, haben die »Krone des Lebens« (Offb 2,10) empfangen, jenen »unvergänglichen Siegeskranz« (1Kor 9,25; 1Petr 5,4), der denen zusteht, die »den guten Kampf des Glaubens gekämpft« (2Tim 4,7) haben.

Johannes der Seher von Patmos sieht in einer Vision (Offb 12,1–6) ein großes Zeichen am Himmel: »eine Frau mit der Sonne bekleidet und der Mond unter ihren Füßen und auf ihrem Haupt eine Krone von zwölf Sternen«. Die Frau ist schwanger und schreit unter den Wehen der bevorstehenden Geburt. Da tritt ein großer roter Drache hervor, um ihr Kind zu verschlingen. Der gerade geborene Sohn, von dem gesagt wird, dass er »alle Völker weiden solle mit eisernem Stab«, wird gerettet und zu Gottes Thron entrückt. Die Frau flieht in die Wüste, wo Gott ihr einen Schutzort bereitet hat. Diese apokalyptische Vision wurde in der Kirche schon früh mit Maria in Verbindung gebracht. Die Sonne, mit der sie bekleidet ist, ist das Bild Gottes, der Mond unter ihren Füßen das Bild des Menschen.

Am »Hochfest der Aufnahme Marias in den Himmel« ist dieser Bibeltext aus der Apokalypse des Johannes die erste Lesung der Messfeier zum Tage. In der hinführenden Erklärung heißt es, dass die erwähnte Frau die Verkörperung des

Gottesvolkes darstellt, die zwölf Sterne auf ihrem Haupt erinnern an die zwölf Stämme Israels. Die Glaubenswehen seien weniger von der irdischen Geburt des Messiaskindes zu verstehen als von den Leiden des Gottesvolkes im Verlauf der Geschichte, vor allem in der Endzeit, »bis schließlich der ganze Christus geboren sei und die Herrschaft unseres Gottes sichtbar wird«. Während Maria, die mit ihrer Aufnahme in den Himmel als die Vollendete gefeiert wird, jetzt aller Anfeindung des Bösen entnommen ist, erfährt die Kirche, die sie repräsentiert, noch endzeitliche Verfolgungen. Die Vision kann nach römisch-katholischem Verständnis die bedrängten Christen in ihrem Martyrium ermutigen und stärken und sie des Beistands der »Himmelskönigin« Maria gewiss sein zu lassen.

Das im Mittelalter vielfach dargestellte Motiv von der Krönung Marias im Himmel schließt sich an das Motiv der Aufnahme in den Himmel an. Die Krönung Marias ist Ausdruck und Bild ihrer himmlischen Vollendung. Sie wird allerdings in der Heiligen Schrift an keiner Stelle erwähnt. »Es waren insbesondere Theologen der Karolingerzeit, die die Auffassung vertraten, dass Maria am Tage ihrer Himmelfahrt zur Königin gekrönt und auf den Thron erhoben wurde, auf dem sie zusammen mit Christus Himmel und Erde regiert. Dass Maria von der ›Magd des Herrn‹ zur Königin des Himmels aufstieg, hängt mit der Tatsache zusammen, dass man sich im Mittelalter den Himmel als hierarchisch organisierten Hof vorstellte, an dem Bittsteller ohne Fürsprache und Vermittlung der Königin Maria keine Gnaden erlangen könnten. Die Idee vom Königtum Marias wurzelt in Vorstellungen, die Menschen des Mittelalters im Hinblick auf das Königtum weltlicher Herrscher und Herrscherinnen ausgebildet haben.«[144]

Die *Himmelskönigin*, ein altes Motiv, das im Mittelmeerraum weit verbreitet war und auf Maria übertragen wurde, hat aber noch wesentlich ältere Wurzeln.[145] Viele weibliche Gottheiten wurden in die universale Vorstellung einer Himmelskönigin integriert. Christa Mulack, eine feministische Theologin, sieht in der Himmelfahrt Marias ein Sinnbild und Identität stiftendes Ereignis, in dem Frauen ihre Würde und spirituelle Stärke entdecken können: »Uraltes Wissen steigt in ihnen [den Frauen] auf, wenn sie sich mit diesem Sinnbild befassen. Sie finden zurück zu jener alten weiblichen Gewissheit: Unsere Kräfte reichen bis in den Kosmos, wir sind in der Lage, Irdisches zu transzendieren, ohne uns davon zu trennen; denn wir sind in beiden Bereichen beheimatet«.[146]

Zum Motiv der *Heiligen Hochzeit*, das sich mit der Aufnahme Marias in den Himmel verbindet, gehört weiterhin der Maria zugeschriebene Titel der *Braut (sponsa) Christi*. Andrew Greely geht in seinem Buch »Maria. Über die weibliche Dimension Gottes« den Spuren der Heiligen Hochzeit in der Menschheits- und Religionsgeschichte nach und zeigt eindrücklich die Wandlung dieses Urbildes von archaischen Fruchtbarkeitskulten über die Erfahrung, dass Jahwe das Volk Israel als Braut erwählte bis zu späteren Formulierungen, dass Maria als Prototyp der Kirche die besondere Braut des dreieinigen Gottes sei.[147] Im Mittelalter wurden in diesem Zusammenhang vor allem Motive aus dem Hohelied der Bibel aufgegriffen und mystisch gedeutet. »Im Bild der Braut erscheint hier vor allem die Kirche, dann auch die einzelne Seele (anima) und erst eigentlich vom 12. Jahrhundert an auch Maria, ohne dass jedoch bei den Aussagen immer streng unterschieden werden könnte, ob von der Kirche, von der Seele oder von Maria gesprochen wird.«[148] Mit »Braut« war hier gemeint: insgesamt die Kirche, in Sonderheit Maria, je einzeln die Seele.

So kann man Maria, die eschatologisch Vollendete, die in den Himmel Aufgenommene, die von Christus gekrönte endzeitliche Braut als Darstellung und Repräsentantin der Seele und der ganzen Kirche verstehen. Im Sinne des pars pro toto kann man an Maria die eschatologische Vollendung jedes Glaubenden und der Gemeinde Jesu Christi beispielhaft darstellen und ablesen. Dass Maria in dieser Funktion irgendeinen Primat hat, lässt sich aus den biblischen Zeugnissen nicht behaupten.

III

Martin Luther wollte anfangs das Aussumptio-Fest noch ein Weilchen beibehalten wissen, 1522 plädiert er aber bereits für seine Abschaffung. In der Hauspostille von 1544 kommt er rückblickend noch einmal auf das Thema zu sprechen: »Das Fest von der Himmelfahrt Marie ist durchaus päpstisch, das ist: voll Abgötterei und ohne Grund der Schrift eingesetzt. Derhalben haben wirs in unseren Kirchen fallen lassen«.[149] »Wir aber, ob sie schon gen Himmel fahren ist, können ihrer Himmelfahrt nicht genießen, sollen sie derhalben nicht anrufen noch uns ihrer Fürbitt trösten«.[150] Auch kritisiert er den Papst, der die Himmelfahrt unseres Herrn Jesus Christus geschändet und verunehrt habe, indem »er die Mutter in allem dem Sohn hat gleich machen wollen«.[151] Wieder sind wir damit an dem zentralen Kritikpunkt, dass Maria den Blick für Christus nicht verstellen darf.

Evangelische Theologen lehnen das römisch-katholische Dogma von der Assumptio, der leiblichen Aufnahme Marias in den Himmel, wonach Maria als einziger Mensch bereits als »Voll-Erlöste« behauptet wird, ab. Ihnen fehlt für diesen Glaubenssatz ganz entscheidend die biblische Begründung. Die Dogmatisierung der *assumptio Mariae* sei die Dogmatisierung eines Mythos ohne geschichtliche Grundlage.[152] Maria sei hier nicht nur Symbol für erfüllte Hoffnung, sie setze vielmehr als »Himmelskönigin« ihre mütterliche Vermittlung des Heils in Christus fort, was als Glaubenssatz entschieden abzulehnen sei.[153]

C. G. Jung wirft dem protestantischen Standpunkt, der das Dogma aus historisch-systematischen Gründen ablehnt, vor, er habe »die Fühlung mit den gewaltigen archetypischen Entwicklungen in der Seele des Einzelnen wie der Masse verloren«.[154] Er hält die Verkündigung des Dogmas »für das wichtigste religiöse Ereignis seit der Reformation«[155] und meint, dass man es psychologisch interpretieren müsse und nicht historisch-systematisch. Das Dogma könne zur Überwindung der Gegensätze von Mann und Frau, die die Seele in eine gefährliche Spannung versetze, beitragen. Mit rationalen Mitteln wäre diese Spannung nicht zu beheben, da brauche man Symbole, wie die Aufnahme Marias in den Himmel. Die Gleichberechtigung der Frau verlange ihre metaphysische Verankerung in der Gestalt der »göttlichen Frau«, der »Braut Christi«.[156] Diese archetypisch-psychologische Interpretation des Festes und Dogmas der *Assumptio Mariae* wirft noch einmal ein ganz neues Licht auf die historisch-systematisch orientierte theologische Diskussion. Sie kann jedoch die für evangelische Theologie anstößigen Behauptungen des Dogmas nicht auflösen.

Es ist vor allem die Frage nach dem soteriologischen und eschatologischen Primat Marias vor allen anderen Glaubenden, die im konfessionellen Dialog strittig ist. Römisch-katholische Lehre sieht diesen Primat in den Dogmen der *immaculata conceptio* (Marias von Erbsünde freien Empfängnis), der *semper virgo* (immerwährenden Jungfräulichkeit), der *theotokos* (Gottesgebärerin) sowie in ihrer gläubigen Nähe zu ihrem Sohn und seiner Sendung begründet. Ihre eschatologische Heraushebung im Dogma der *Assumptio* ist da nur eine logische Konsequenz, die – wie auch die anderen Dogmen – eine Tendenz zu ihrer Vergöttlichung beinhaltet, meinen die evangelischen Kritiker.

Dem ist aus evangelischer Sicht entgegenzustellen, dass Maria zwar nach neutestamentlichem Verständnis die besonders Begnadete (Lk 1,28) und besonders Gesegnete unter den Frauen (Lk 1,42) ist, aber den gleichen Weg der Erwählung, Heiligung und eschatologischen Vollendung geht, wie alle Glaubenden (vgl. Röm 8,30; Eph 1,3–6) und darin keinen Vorrang hat. Die Zugehörigkeit zu Christus dem »Erstling der Entschlafenen« (1Kor 15,20) bewirkt schon jetzt eine Gleichgestaltung mit seinem Tod, seiner Auferstehung und Himmelfahrt (Eph 2,5 f.; Kol 3,4). Ihre Vollendung findet die irdische Christusverbundenheit schließlich in der beseligenden

Schau Gottes (1Kor 13,12). So ist Maria in ihrer eschatologischen Vollendung nach dem biblischen Zeugnis keine herausgehobene Gestalt und kann nur eingebunden in die Gemeinschaft der Heiligen gesehen werden. An ihr kann man durchaus exemplarisch darstellen, was eschatologische Vollendung, die allen Glaubenden gilt, schon jetzt und hier beginnend einst sein wird. Freilich unter dem Vorbehalt, dass alle Aussagen über diesen Zustand allenfalls symbolischen, aber keinen spekulativen Charakter haben dürfen. Denn »was wir sein werden, ist noch nicht offenbar geworden« (1Joh 3,2).

IV

Texte und Bilder vom Sterben Marias hatten im Mittelalter für ihre Verehrer/innen normativen Charakter, sie wurden als Anweisungen zum richtigen Sterben betrachtet. Sie bündelten Hoffnungen und sollten von der Angst befreien, im endzeitlichen Gericht von Gott verstoßen zu werden.

Immer wieder ist Marias Tod als außergewöhnlicher Vorgang beschrieben worden. Ihre einzigartige Rolle in der Heilsgeschichte sollte auch in ihrem Tod zum Ausdruck kommen. Dennoch waren die Berichte und Bilder über ihr Sterben mit Handlungselementen und Einstellungen durchsetzt, die auch für einfache Christen erreich- und realisierbar waren. Beispielgebenden Charakter besaßen folgende in den apokryphen Sterberichten Marias genannten Begebenheiten: 1. Drei Tage vor ihrem Tod war sich Maria dank göttlicher Eingebung darüber im Klaren, dass sie sterben müsse.

Zu wissen, wann man sterben muss, galt im Mittelalter als Zeichen eines guten Todes, der oft Gegenstand frommer Bitte war. 2. Maria starb nicht allein, sondern in der Gemeinschaft der Apostel, ihrer Nachbarn und Verwandten. Dies empfand sie als Quelle des Trostes. Mittelalterliche Maler haben diese Szene in ihren Bildern immer wieder dargestellt.

Andrea Mantegna gestaltet das Thema »Tod der Madonna« in der strengen perspektivischen Raumgestaltung und irdischen Präsenz der Renaissance. Maria wird auf dem Totenbett liegend, umringt von den Aposteln dargestellt. Sie halten Kerzen und sakrale Gefäße in der Hand. Im Vordergrund links steht der Engel mit Palmzweig, der ihr die Nachricht ihres Todes überbracht hat. Ein Apostel beugt sich über sie und hält ihr ein Kruzifix vor Augen. Im Hintergrund öffnet sich der Blick in eine weite Landschaft. Die würdevolle Architektur erinnert an einen Triumphbogen, wie er in der italienischen Malerei oft erscheint.

Die Apostel, die hier als Sterbebegleiter Marias erscheinen, waren den Mönchen, Klerikern oder einfachen Laienchristen des Mittelalters Vorbild, ihren christlichen Glaubensbrüdern und -schwestern in ihrer sterbenden Not beizustehen. Sie mahnten die Sterbenden zum Empfang der kirchlichen Sakramente, zur Beichte, Eucharistie und Letzten Ölung. Darüber hinaus war es Aufgabe der Begleiter, Sterbenden Heiligenlegenden vorzulesen, ihnen Gebete vorzusprechen, das Kruzifix vor Augen zu halten und ihnen keine falschen Hoffnungen auf Genesung zu machen. Es gab sogar gedruckte Broschüren wie die von Johannes Geiler »Wie man

Der Tod Mariä. Gemälde von Andrea Mantegna (1461).
Quelle: akg-images / Erich Lessing

sich halten sol by eym sterbenden menschen« (1482), die auch Laien, die als Sterbebegleiter tätig waren, in die Hand gegeben wurden. In seinem 1497 verfassten »Sterbe ABC« macht es Geiler jedem Christen zur Pflicht, für seine Todesstunde einen »getrüwen moenschen« zu bestellen, der ihm mit Trost und Ermahnung, Vorlesen und Gebet zur Seite steht.[157]

Auch Maria habe, so wurde behauptet, auf ihrem Sterbelager das übliche kirchliche *viaticum* (Bußsakrament, Eucharistie, Letzte Ölung) empfangen. Zwar habe sie dies auf Grund ihrer Befreiung von der Erbsünde nicht nötig gehabt, es aber dennoch in Demut und Gehorsam gegenüber den heiligen Geboten der Christenheit angenommen.

So zeigte Maria den Gläubigen vorbildhaft eine »Kunst des Sterbens« (ars morendi), in die sie sich selbst einzuüben bemüht waren.

Gegrüßet seist du Maria, voll der Gnaden, der Herr ist mit dir.
Du bist gebenedeit unter den Frauen,
und gebenedeit ist die Frucht deines Leibes Jesus,
der dich in den Himmel aufgenommen hat.

Heilige Maria, Mutter Gottes, bitte für uns Sünder,
jetzt und in der Stunde unseres Todes. Amen.

Aus dem glorreichen Rosenkranz

V

Wenn christliche Spiritualität – wie bereits gezeigt wurde – grundsätzlich Sterbespiritualität ist, dann geht es jetzt darum zu zeigen, wie die »Kunst des Sterbens« vollzogen werden kann. Christen, die in der Taufe mit Christus gestorben und begraben sind und bereits jetzt »in einem neuen Leben wandeln« (Röm 6,4), »tragen allezeit das Sterben Jesu an ihrem Leibe, damit auch das Leben Jesu an ihrem Leibe offenbar werde« (2Kor 4,10). Sie tragen die ihnen zugemuteten Leiden, weil sie glauben, dass ihre »Trübsal, die zeitlich und leicht ist, eine ewige und über alle Maßen gewichtige Herrlichkeit schafft« (2Kor 4,17). Sie hoffen auf Lohn in der jenseitigen Welt. Der Lohn, von dem Jesus in seinen Gleichnissen spricht (Mt 19,27–30), den Paulus nach seinem großen Engagement für die Gemeinden erwartet, ist das ewige Leben in der Vollendung Gottes.

Auch wenn sich evangelische Theologen wegen ihres reformatorischen Bekenntnisses zur Rechtfertigung *sola gratia* schwer tun mit einem den neutestamentlichen Texten angemessenen Verständnisses des Lohngedankens, so darf man nicht übersehen, dass der himmlische Lohn für irdische Mühen ein zentrales Thema der Heiligen Schrift ist. Mit Blick auf die Ausbreitung des Christentums kann man behaupten, dass das Evangelium eine so große Wirkung hatte und hat, weil es Leben, ewiges Leben verspricht. Weil Menschen ganz elementar und manchmal sehr vordergründig leben wollen, war und ist die Verheißung, die sich im Bild der »Krone des Lebens« ausdrückt, so ungeheuer attraktiv.

Weil Leben aber auch ständig bedroht und Leben nur durch das Sterben errungen wird, führt der Wille zum Leben zum ständigen Lebens- und Glaubenskampf. »Kämpfe den guten Kampf des Glaubens; ergreife das ewige Leben, wozu du berufen bist« (1Tim 6,12). Ständig werden Menschen in Verlust- und Sterbeprozesse geführt. Es sind die alltäglichen Zumutungen des Lebens: Krankheit, Handicap, Verlust an Lebenskraft, Trennungserfahrungen, Tod usw., in denen Menschen andere Menschen brauchen, die sie in den leiblichen, seelischen und geistlichen Sterbeprozessen begleiten, die sie trösten, ihnen Härten und Trennungen zumuten, die ihnen aber auch durch Vermittlung von Lebenskraft helfen, diese zu verarbeiten.

»Wo Rituale waren, sind Therapien geworden«.[158] Es ist eine eigenartige Situation entstanden: Pfarrerinnen und Pfarrer haben, je mehr sie sich therapeutisch qualifiziert haben, ein Feld in der Begleitung von Menschen fast völlig preisgegeben, worin sie früher sehr gefragt waren: die religiös-rituelle Bearbeitung von Verlusterfahrungen. Als semiprofessionelle Psychologen werden sie keine Zukunft haben, werden Menschen lieber zu den psychologischen Profis gehen. Heute geht es verstärkt darum, dass Seelsorger/innen neben ihren kommunikativen und therapeutischen Kompetenzen wieder beginnen das zu tun, was ihre eigentliche Profession ist: Menschen in den Abgründen ihres Lebens zu begleiten mit der Kraft des Wortes Gottes, den Sakramenten und Ritualen, die Lebenskraft und Gotteskraft freisetzen. »Mystagogik« hat man das früher genannt – eine Arbeit, die immer wichtiger wird, je abgründiger die Erfahrungen des Lebens werden. Dass sie dabei über psychologische Kenntnisse verfügen müssen und therapeutische Erfahrungen brauchen, ist selbstverständlich.

Aber was wächst denn da in einem Menschen, der die Zumutungen des Lebens, die Zumutungen Gottes annimmt und einwilligt in den Verlust? Es wächst marianisch gesprochen der Sohn Gottes, oder biblisch gesprochen: das Reich Gottes. Es wächst verborgen »ohne dass er es weiß« (Mk 4,27). Das Problem des Wachstums ist das Wartenmüssen und dass im Loslassen des Alten das Neue in der Regel noch nicht greifbar ist.

Was für die alltäglichen Sterbeprozesse gilt, gilt natürlich und erst recht für die endgültige Übersiedlung in die andere Welt. Zur Kunst des Sterbens gehört es, den Tod nicht zu verdrängen, sondern intuitiv zu spüren, wann der Zeitpunkt des Transitus ansteht.

Dann wird es darum gehen müssen, »sein Haus zu bestellen«, wie man früher sagte. Der mittelalterliche Jakobspilger, der sich für seinen Weg nach Santiago de Compostella rüstete, der Moslem, der zur großen Pilgerreise nach Mekka aufbricht, mussten und müssen ihre Lebensverhältnisse ordnen: Schulden bezahlen, ein Testament machen, sich von den Angehörigen verabschieden, Streit beenden usw., denn sie mussten und müssen damit rechnen, dass es eine Reise ohne Wiederkehr werden kann.

Neben der Ordnung der materiellen und zwischenmenschlichen Verhältnisse sollte der Sterbende Wegzehrung erbitten für seine Himmelsreise. Von den drei Sterbesakramenten der römisch-katholischen Kirche haben sich in der evangelischen Tradition immerhin noch die Beichte und das

Heilige Abendmahl als *viaticum* für die Himmelsreise erhalten. Man sollte sich präparieren für diese letzte Reise, damit man geklärt durch die Beichte und gestärkt durch die himmlische Speise hindurch kommt durch die lauernden Gefahren und Abgründe des Todes.

Des Weiteren ist es gut, einen treuen Menschen als Sterbebegleiter zu haben, der einem beisteht. Sterbebegleitung wird heute vielerorts durch geschulte Ehrenamtliche in der Hospizarbeit geleistet. Dabei gilt, dass der letzte Wille des/der Sterbenden respektiert wird und keine Dinge aufgenötigt werden. Allerdings sollte von diesen Sterbebegleitern auch erwartet werden können, dass sie in der Lage sind, seelsorgerlich/spirituelle Begleitung (beten, segnen usw.) anzubieten.

Wenn der Sterbende »das Zeitliche gesegnet hat«, sind mehrere Handlungen an ihm und den Trauernden nötig. Neben einer würdevollen Bestattung seines Leichnams und dem Trost und Beistand für die Hinterbliebenen ist im Beerdigungsritual eine Handlung nötig, die den nun Verstorbenen auf die Reise in die andere Welt schickt. Wurde die kirchliche Beerdigungshandlung in der letzten Zeit fast ausschließlich als ein Akt der Verkündigung und der Vermittlung von Trost an die Hinterbliebenen verstanden, so gibt es neuerdings vermehrt Stimmen, die in der rituellen Handlung der Beerdigung eine Handlung an den Toten fordern: »Das Ritual der evangelischen Bestattung gibt manche Hinweise darauf, dass noch ein anderer Weg zu gehen ist. Die Toten müssen ihren Weg zum Reich Gottes, ihren neuen Status in der Gemeinschaft der Heiligen wahrnehmen lernen. Sie müssen sich aufmachen, den anderen Weg zu gehen. Nicht nur die Trauernden müssen lernen, dass der Verstorbene nicht mehr da ist; auch die Verstorbenen müssen lernen, dass sie tot sind«.[159] Und dabei ist es notwendig, dass sie im Beerdigungsritual losgelassen werden und dass sie mit Gebet und Segen ihren Weg finden und gehen können. In der kirchlichen Tradition ist die Beerdigung immer als Übergangsritual im Sinne der Überweisung an Gott vollzogen worden.

Aber die Toten sind letztlich nicht tot. Sie sind nur vorausgegangen und als die Lebenden in der anderen Welt anzusehen und anzusprechen. Sie können uns in Tag- und Nachtträumen, in inneren Zwängen und versöhnenden Situationen heimsuchen. Treffpunkte für solche Begegnungen sind oft die Bilder von ihnen in unseren Wohnungen oder ihre Gräber. M. Josuttis schlägt folgendes Ritual des Gedenkens der Toten vor: »In vielen Gemeinden wird auch bei uns am Ende des Kirchenjahres die Liste mit den Namen der Verstorbenen verlesen. Und es ist durchaus denkbar, dass man dabei dem Vorbild der lateinamerikanischen Basisgemeinden folgt. Nach jedem Namensaufruf erklingt dann, durch ein Familienmitglied oder einen Gemeindevertreter, ein mehr oder weniger lautes: ›Hier!‹ – ›Ja!‹ – ›In Gottes Gnade lebendig!‹ Die Toten erfüllen dann nicht nur die Erinnerung derer, die sie gekannt haben. Sie sind in der versammelten Gemeinde der Heiligen präsent.«[160]

So ist auch Maria in der versammelten Gemeinde der Heiligen präsent. Man darf damit rechnen, dass sie uns Sterblichen erscheint: in Träumen, in Bildern, in Visionen; dass sie Botschaften und Aufträge aus der himmlischen Welt an uns weiterleitet, wie es auch andere aus der Gemeinschaft der Heiligen tun können. Kommunikation zwischen den Heiligen dieser und der anderen Welt ist nicht nur erlaubt, sondern geschieht andauernd. In der Anbetung des dreieinigen Gottes, im »Sanctus« der Abendsmahlsliturgie, unternimmt die irdische Gemeinde eine kollektive Himmelsreise und verbindet sich mit der himmlischen Gemeinde: »Mit allen Heiligen und Vollendeten, mit allen himmlischen Mächten vereinen wir unsere Stimmen und beten dich an«.

Daraus ergibt sich die Frage, ob Maria und die Heiligen auch angerufen werden können bzw. dürfen. In der römisch-katholischen Welt ist es allgemeine Auffassung, dass Maria Fürsprache bei Gott einlegt, d. h. das Gebet, das an sie gerichtet wird, weiterreicht. Dabei erhört nicht Maria selbst das Gebet, d. h. sie antwortet nicht auf das Gebet, das tut Gott allein, sie reicht es nur unterstützend weiter. Im Rosenkranz beten katholische Christen: »Heilige Maria, Mutter Gottes, bitte für uns Sünder, jetzt und in der Stunde unseres Todes.« An diesem »ora pro nobis« entzündet sich die Kritik vieler evangelischer Christen. Sie halten es schlichtweg für überflüssig, dass zwischen Gott und den Betern eine vermittelnde Instanz errichtet wird. Nach Röm 8,26 vertritt uns, wenn wir nicht wissen, was wir beten sollen, der Geist Gottes mit »unaussprechlichem Seufzen«. Wenn es eine vermittelnde Instanz beim Beten gibt, ist es also der Heilige Geist, der unsere Sprachlosigkeit in einem Gebet vor Gott trägt.

In der persönlichen Gebetspraxis kommt es jedoch ab und zu vor, dass ich Freunde um Unterstützung im Gebet für ein besonderes Anliegen bitte. Sollte das nicht auch in Verbindung zu unseren himmlischen Freunden, den Heiligen, möglich sein, die in der Vollendung Gottes leben, dürfen wir sie nicht auch bitten, dass sie dort ein gutes Wort für uns einlegen? Diese Bitte an die Heiligen in der himmlischen Welt wäre nicht heilsnotwendig und für geistliches Leben zwingend erforderlich, aber doch möglich und menschlich überaus verständlich.

Christen, die mit den Heiligen kommunizieren, die mit ihnen leben, die einzelne Heilige besonders ins Herz geschlossen haben, sprechen mit ihnen in achtungsvoller, liebender und unkomplizierter Weise. Dabei entstehen Gebete, die nicht immer theologisch abgesichert und durchdacht oder mit unseren evangelischen Positionen vereinbar sind. Es ist die Sprache des Herzens, die uns in der Heiligenverehrung unserer römisch-katholischen Schwestern und Brüder begegnet, die wir nicht verachten sollten, die sicher nicht jedermanns Sache ist, in die man aber hier und da auch als evangelischer Christ vorsichtig einstimmen und dabei neue Erfahrungen machen kann.

Dass man gerade Maria besonders achten und verehren kann, nicht etwa weil sie als Himmelskönigin über allen thronen und das Heil vermitteln würde, sondern weil Gott sie erwählt hat, Jesus, seinen Sohn, zur Welt zu bringen und sie dem vorbehaltlos zustimmte, ist auch Protestanten einleuchtend.

Martin Luther hat seine Liebe und Verehrung zu Maria in diesen Worten ausgedrückt:

Sie ist mir lieb, die werte Magd,
und kann ihr nicht vergessen.
Lob, Ehr und Zucht man von ihr sagt,
sie hat mein Herz besessen.
Ich bin ihr hold,
und wenn ich sollt
groß Unglück han,
da liegt nichts dran;
sie will mich des ergetzen
mit ihrer Lieb und Treu an mir,
die sie zu mir will setzen,
und tun all mein Begier.[161]

So können Christen aller Konfessionen mit der lebendigen Gemeinschaft der Heiligen, der Kirche aller Zeiten und Regionen im Himmel und auf Erden rechnen. »Gott wird nicht genommen, was Gottes ist, Maria nicht zugesprochen, was Gottes ist, und vor allem wird kein Protestant heimlich zum Katholiken gemacht … Der Herr der Heerscharen ist nicht allein im Himmel. Es dürfte dort mehr los sein, als wir Protestanten manchmal zu denken geneigt sind.«[162]

VI

»Es wird gesät verweslich und es wird auferstehen unverweslich« (1Kor 15,42). Intellektuelle Menschen wollen die Geheimnisse des Lebens denkend und reflektierend durchdringen. Selbst wenn sie meditieren, bleiben sie oft nur im Kopf. Meditation heißt für sie: in Ruhe nachdenken. Aber die

Geheimnisse des Lebens wollen auf allen Ebenen unseres Menschseins wahrgenommen und verinnerlicht werden. Sie wollen bis in unser Gemüt und unsere Leiblichkeit hinein Menschen ergreifen und verändern.

In der nun folgenden Übung soll das Geheimnis der Verwandlung und Wiedergeburt des Lebens aus dem Tod erspürt werden. Die Wirkung einer solchen Übung liegt in der Wiederholung. Sie sollte sieben Tage hintereinander durchgeführt werden.

Exerzitium der Verwandlung

Knien Sie am Boden nieder, setzen Sie sich auf Ihre Fersen und beugen Sie sich so weit nach vorn, bis Ihre Stirn die Knie berührt. Strecken Sie die Arme zurück und schließen Sie die Augen.

Entspannen Sie sich und atmen Sie ruhig und tief. Stellen Sie sich vor, ein winziges, wohlig von der Erde umschlossenes Samenkorn zu sein. Spüren Sie sich umgeben von Wärme und Wohlgefühl. Sie schlafen ruhig.

Plötzlich erzittert ein Finger. Das Korn will nicht mehr Samenkorn sein, es will wachsen. Sie beginnen ganz langsam, die Arme zu bewegen, dann richtet sich Ihr Körper auf, bis Sie wieder auf den Fersen sitzen.

Nun erheben Sie sich etwas und verschieben ihr Gewicht ganz langsam nach vorn, bis Sie wieder knien. Stellen Sie sich vor, Sie wären ein Samenkorn, das im Dunkel der Erde keimt und wächst und allmählich die Erde durchbricht.

Jetzt ist der Augenblick gekommen, die Erde ganz zu durchstoßen. Sie erheben sich langsam, versuchen das

Gleichgewicht zu halten, wie ein Schössling, der um seinen Raum kämpft.

Wenn Sie ganz aufgerichtet stehen, stellen Sie sich das Feld um sich herum vor, die Sonne, das Wasser, den Wind und die Vögel: Sie sind nun ein Schössling, der wächst, langsam zum Halm wird. Sie erheben langsam die Arme zum Himmel. Dann strecken Sie sich immer weiter, als wollten Sie die Sonne packen, die über Ihnen leuchtet und Ihnen Kraft spendet und Sie anzieht. Der Körper spannt sich an, die Muskeln kontrahieren, und dabei fühlen Sie, dass Sie immer größer werden, bis Sie schließlich riesig sind. Die Anspannung wird immer stärker, wird schmerzhaft, unerträglich. Wenn Sie es nicht mehr aushalten, stoßen Sie einen Schrei aus und öffnen die Augen.

Herr, mein Gott, du Vollender meines Lebens.
Du hast deine Auserwählten miteinander verbunden
zu dem geheimnisvollen Leib deines Sohnes Jesus Christus.
Gepriesen bist du, Herr mein Gott
Und gepriesen sei das vollendete Leben in deiner Herrlichkeit.
Gib mir die Gnade, dass ich deinem Sohn und allen vollendeten Heiligen folge
in einem geheiligten Leben,
und lass auch mich zu jener unaussprechlichen Freude gelangen,
die du denen bereitet hast, die dich lieben.
Amen.

Anmerkungen

1 Evangelischer Erwachsenenkatechismus. Kursbuch des Glaubens, i. A. der Katechismuskommission der VELKD hg. v. W. Jentsch u. a., Gütersloh 1975, 392.

2 F. Courth: Maria/Marienfrömmigkeit, IV. Orthodoxie, in: TRE 22 (1992), 149; vgl. auch E. Jungclaussen: Marienverehrung im östlichen Christentum, in: W. Beinert (Hg.): Maria heute ehren, Freiburg 1977, 46–63.

3 A. Schimmel: Mystische Dimensionen des Islam. Die Geschichte des Sufismus, Frankfurt 1995, 609.

4 Vgl. Chr. Zippert: Evangelische Annäherungen an Maria, die Mutter Jesu, in: Una Sancta 4/2004, 344–358.

5 Chr. Zippert, a. a. O., 352.

6 Zitiert nach: H. Haag u. a.: Maria. Die Gottesmutter in Glauben, Brauchtum und Kunst, Freiburg 2004, 120.

7 G. Voss: Dich als Mutter zeige. Maria in der Feier des Kirchenjahres, Freiburg 1991, 111.

8 L. Boff: Ave Maria. Das Weibliche und der Heilige Geist, Düsseldorf 1982, 43.

9 O. Bardenhewer: Der Name Maria. Geschichte der Bedeutung desselben, Freiburg 1895, listet 60 unterschiedliche Interpretationen des Namens »Maria« auf.

10 G. Voss, a. a. O, 221.

11 K. Schreiner: Maria. Jungfrau, Mutter, Herrscherin, München 1996, 107 f.

12 G. Voss, a. a. O, 169.

13 R. Bultmann: Das Evangelium des Johannes, Göttingen 1941, 521.

14 K. Schreiner, a. a. O. 79.

15 H. Gorski: Die Niedrigkeit seiner Magd. Darstellung und theologische Analyse der Mariologie Martin Luthers als Beitrag zum gegenwärtigen lutherischen/römisch-katholischen Gespräch, Frankfurt/Main 1987, 63.

16 M. Luther, WA 7, 569, 19.

17 Vgl. a. a. O. 569, 27–570, 7.

18 Vgl. a. a. O. 569, 22–26.

19 M. Josuttis: Heiligung des Lebens. Zur Wirkungslogik religiöser Erfahrung, Gütersloh 2004, 105.

20 Vgl. H.-C. Schmidt-Lauber: Maria in den Festen und liturgischen Texten der Reformation, in: Hans Klein (Hg.): Kirche, Geschichte, Glaube. Freundesgabe für Hermann Pitters zum 65. Geburtstag, Erlangen 1998, 290–306.

21 J. Ratzinger: Einführung in das Christentum, München 1968, 228.

22 W. Beinert: Die mariologischen Dogmen und ihre Entfaltung, in: W. Beinert / H. Petri (Hg.): Handbuch der Marienkunde I, Regensburg 1996, 328.

23 G. Voss, a. a. O. 129.

24 Enchiridion Symbolorum, ed. H. Denzinger / A. Schönmetzer (DS) 251.

25 A. a. O. DS 503.

26 M. Luther, WA 11, 314–336.

27 A. a. O. 319, 22–39.

28 A. a. O. 319, 8–13.

29 Vgl. G. Lüdemann: Jungfrauengeburt? Die wirkliche Geschichte von Maria und ihrem Sohn Jesus, Stuttgart 1997.

30 Zur neueren Diskussion in der katholischen Kirche um ein unbiologisches Verständnis der *virginitas* vgl. K. Rahner: Virginitas in partu, SchzTh IV, 173–205; ders: Jungfräulichkeit Marias, SchzTh XIII, 361–377.

31 K. Rahner / M. Dirks: Für eine neue Liebe zu Maria, Freiburg 1984, 23.

32 A. a. O. 25.

33 J. Ratzinger: Einführung in das Christentum, 228.

34 W. Beinert: Die mariologischen Dogmen und ihre Entfaltung, in: Handbuch der Marienkunde I, 328

35 M. Heymel: Maria entdecken. Die evangelische Marienpredigt, Freiburg 1991, 227.

36 K. Rahner / M. Dirks: Für eine neue Liebe zu Maria, 40.

37 Vgl. W. Beinert: Die mariologischen Dogmen und ihre Entfaltung, 326.

38 M. Luther, WA 7, 189.

39 M. Luther, WA 9, 625.

40 Vgl. K. Schreiner, a. a. O. 55 f. und 499 f.

41 ApolCA XXI, 27.

42 W. Bader (Hg): Seine Mutter, unsere Schwester. Maria kennenlernen mit Gebeten aus zwei Jahrtausenden, München 1989, 22.

43 Katharina von Siena am 25. März 1379, in: Caterina von Siena, Meditative Gebete, Einsiedeln 1980, 117 f.

44 Vgl. 1Mose 18 (Sara), 1Sam 1 (Hanna).

45 Das Rosenkranzgebet der römisch-katholischen Kirche: »Gegrüßet seist du Maria, voll der Gnade. Der Herr ist mit dir, du bist gebenedeit unter den Frauen und gebenedeit ist die Frucht deines Leibes: Jesus!« setzt sich also wörtlich aus dem Engelsgruß (Lk 1,28b) und dem Segen der Elisabeth (Lk 1,42) zusammen. Die Feststellung der biblischen Grundlage des Gebets kann

vielleicht protestantische Vorbehalte gegenüber dem marianischen Rosenkranzgebet überwinden helfen.

46 Vgl. W. Grundmann: Das Evangelium nach Lukas, Berlin 1978, 63.

47 P. Gyger: Maria – Tochter der Erde, Königin des Alls. Vision der neuen Schöpfung, München 2002, 168.

48 Vgl. M. Luther, WA 36, 207, 8 f.

49 M. Luther, WA 36, 212, 14–26.

50 Cod. UH1, fol. 176v, Initiale D, Badische Landesbibliothek Karlsruhe.

51 Das griechische Wort *anistamai* drückt die Entschlossenheit dieses Aufbruchs aus.

52 Zitiert nach: Das Quempas-Buch. Lieder für den Weihnachtsfestkreis, Kassel 1962.

53 M. Kessler (Hg.): Mit den Füßen beten. Ein Pilgerbuch, Ostfildern 1999, 79.

54 Diese Frage bewegt auch Johannes den Täufer, der durch seine Jünger Jesus fragen lässt: »Bist du es, der da kommen soll, oder sollen wir auf einen anderen warten?« (Mt 11,3).

55 In Lucam II, 26; zitiert nach W. Bader (Hg.): Seine Mutter, unsere Schwester, 139.

56 Der buddhistische Mönch und Zen-Meister Thich Nhat Hanh aus Vietnam hat beim Deutschen Evangelischen Kirchentag 2001 in Frankfurt/Main im Anschluss an seinen Vortrag »Wegweisung in das Königreich. Was ein Buddhist von einer Kirche erwartet« mit ca. 1000 Teilnehmenden eine Gehmeditation von knapp 60 Minuten durch die Innenstadt von Frankfurt durchgeführt. Ziel dieser Meditation war es, die Teilnehmenden in eine Erfahrung des Reiches Gottes im Hier und Jetzt zu führen. In seinem Vortrag rät er den Teilnehmenden: »Bleiben Sie bei Ihrem

Atem, bleiben Sie bei Ihren Schritten. Erlauben Sie es nicht den Energien der Sorge, der Angst und Begierde, Sie zu entführen. ›Ich bin angekommen, ich bin zuhause - im Hier, im Jetzt. Ich bin fest, ich bin frei. Im Königreich Gottes verweile ich.‹« (In Vielfalt Glauben - in Würde leben - in Freiheit bestehen. Die Hauptvorträge des Kirchentages 2001. 29. Deutscher Evangelischer Kirchentag Frankfurt/Main 2001, 52.)

57 Vgl. B. Kleinheyer: Maria in der Liturgie, in: HB der Marienkunde I, 479 f.

58 Papst Paul VI.: Die rechte Pflege und Entfaltung der Marienverehrung. Apostolisches Schreiben »Marialis Cultus« vom 2. Februar 1974, I, 5.

59 G. Voß, a. a. O. 138.

60 Cyrill von Alexandrien: Zweiter Brief an Nestorius; zitiert nach HB der Marienkunde I, 126.

61 A. a. O.

62 Die Göttin Diana von Ephesus war verwandt mit der kleinasiatischen Großen Mutter Kybele, der Spenderin der Fruchtbarkeit in der Natur. Ihr aus einem Meteorstein gehauenes, »vom Himmel gefallenes« (Apg 19,35) Kultbild mit vielen Brüsten stand in dem prachtvollen, zu den sieben Weltwundern gezählten Artemistempel von Ephesus.

63 F. Heiler: Die Religionen der Menschheit. Neu hg. von K. Goldammer, Stuttgart 1980, 427–429.

64 S. De Fiores: Maria in der Geschichte von Theologie und Frömmigkeit, in: HB der Marienkunde I, 141.

65 Vgl. P. Gerlitz: Muttergottheiten, in: TRE 23, 497 ff.

66 E. Neumann: Die große Mutter. Eine Phänomenologie der weiblichen Gestaltungen des Unbewußten, Olten 19836, 272.

67 A. a. O. 291.

68 A. a. O. 293.

69 A. a. O. 314.

70 L. Boff: Ave Maria. Das Weibliche und der Heilige Geist, Düsseldorf 1982, 95.

71 431 in Ephesus mit dem Begriff »theotokos« festgeschrieben, DS 251.

72 Ausführlich definiert vom 1. Laterankonzil 649 mit der Formel »indissolubili permanente et post partum virginitate«, DS 503.

73 M. Luther, WA 7, 572.

74 M. Luther, WA 32, 262.

75 H. Gorski, a. a. O. 157.

76 Evangelisches Gesangbuch (EG), Nr. 23.

77 Zu diesem Überblick vgl. C. Nauerth, Maria. VI. Ikonographisch, in: TRE 22 (1992), 157 ff.

78 H. W. Müller: Isis mit dem Horuskinde. Ein Beitrag zur stillenden Gottesmutter im hellenistischen und römischen Ägypten., in: Münchner Jahrbuch der bildenden Kunst 14 (1963), 34.

79 Vgl. Th. Klauser: Gottesgebärerin, in: Reallexikon für Antike und Christentum 11 (1981), Sp 1099.

80 H. W. Müller, a. a. O. 35.

81 Peter Bloch, zitiert bei K. Schreiner, a. a. O. 198.

82 Vgl. Mechthild von Magdeburg: Das fließende Licht der Gottheit, hg. von H. Neumann, Bd. 1, München 1990, 40.

83 K. Schreiner, a. a. O. 201.

84 Pseudo-Chrysostomus: De caeco et Zachaeo 4 (PG 59, 665), zit. nach: K. Rahner: Symbole der Kirche, Salzburg 1964, 43.

85 A. a. O. 49

86 Meister Eckhart: Die deutschen Werke (DW), hg. von Josef Quint, Stuttgart 1936 ff., I, 24 f.–(159).

87 A. a. O. I, 27 f.–(160).

88 Epistola ad fideles 2, 53; in: Opuscula S. Patris Francisci Assisiensis, hg. von C. Eser, Grottaferrata 1978, 122 f.

89 Vgl. I. Fioretti. Die Blümlein des heiligen Franziskus von Assisi, Kap. XVI.

90 H. Wöller: Ein Traum von Christus, Stuttgart 1987, 35.

91 Vgl. E. Landau: Psychologie und Kreativität, München/Basel 1969, 61 und M. Josuttis: Rhetorik und Theologie in der Predigtarbeit, München 1985, 72, der dieses Phasenschema auf das Anfertigen einer Predigt anwendet.

92 Vgl. G. von Gynz-Rekowski: Der Festkreis des Jahres, Berlin ^{2}1985, 76.

93 Marialis cultus, Nr. 7.

94 A. a. O. Nr. 20. Zitat des Hl. Bernhard: In Purificatione B. Mariae, Sermo III,2: PL 183,370; Sancti Bernardi Opera, Ausg. J. Leclerq / H. Rochais, Bd. IV, Romae 1966, 342.

95 Vgl. R. Riess: Pfarrer werden? Zur Motivation von Theologiestudenten, Göttingen 1986, 128 f.

96 Vgl. M. Josuttis: Religion als Handwerk. Zur Handlungslogik spiritueller Methoden, Gütersloh 2002, 142 ff.

97 Vgl. M. Mauss: Die Gabe. Form und Funktion des Austauschs in archaischen Gesellschaften, Soziologie und Anthropologie II, Berlin 1978.

98 Vgl. M. Noth: »Geld und Geist« im Kult des alten Israel, in: Eine Freundesgabe der Wissenschaft für Ernst Hellmut Vits, Frankfurt/Main 1963, 194 f.

99 M. Josuttis: Handwerk Religion, 149

100 Vgl. H.-M. Gutmann: Die tödlichen Spiele der Erwachsenen. Moderne Opfermythen in Religion, Politik und Kultur, Münster 2004.

101 M. Josuttis: Handwerk Religion, 153.

102 E. Käsemann: An die Römer, HNT 8a, Tübingen 1973, 317.

103 Vgl. H. Strack / P. Billerbeck: Kommentar zum Neuen Testament aus Talmud und Midrasch, II. Bd., München 1956, 119 f.

104 W. Grundmann: Das Evangelium nach Lukas, Berlin, 19788, 89.

105 O. Knoch: Maria in der Heiligen Schrift, in: HB der Marienkunde I, 54.

106 A. a. O. 54.

107 M. Luther, WA 12, 37.

108 M. Luther, WA 1, 130, 8.

109 A. a. O. 130, 11 f.

110 Vgl. a. a. O. 131,1 f.

111 Vgl. M. Luther, WA 11, 14,12–15.

112 Vgl. a. a. O. 14, 7 f.

113 Vgl. M. Luther, WA 46, 158; 52,150.

114 Vgl. M. Heymel: Maria entdecken, 208 f.

115 Vgl. Das Kirchenjahr – Liturgischer Kalender, in: Ev. Gesangbuch (EG), Nr. 954 und Evangelischer Pfarramtskalender 2005, hg. v. Verband der Vereine evangelischer Pfarrerinnen und Pfarrer in Deutschland e.V., bearbeitet von H. Medicus.

116 Evangelisches Gesangbuch, 37,1.

117 M. Josuttis: Handwerk Religion, 158.

118 Der Text stammt von dem französischen Ordensgründer J. Eudes (1601–1680) und lautet: »Abrenuntio tibi, Satana, / Adhaero tibi, Domine Jesu, / Redemptor meus, / Caput meum, / et vita mea carissima.« »Ich entsage dem Bösen. / Ich gehöre dir Christus. / Mein Heiland, / mein Haupt, / mein einziges Leben.« – abgedruckt und übersetzt bei M. Josuttis, a. a. O. 158.

119 Die Absage geschieht mit einer abwehrenden Geste in Richtung Westen, wo nach alter Vorstellung die Dämonen und der Tod ihren Ort haben. Das Bekenntnis zum auferstandenen Kyrios

wird in Richtung Osten gesprochen, der Richtung der aufgehenden Sonne und des Lebens. Vgl. Cyrill von Jerusalem: Mystagogische Katechesen – Mystagogicae Catecheses, Fontes christiani 7, Freiburg 1992, 98 ff.

120 Pius IX.: Apostolisches Schreiben »Ineffabilis Deus«.

121 LG 53.

122 Vgl. W. Beinert: Die mariologischen Dogmen, 335 ff.

123 A. a. O. 337.

124 A. a. O. 338.

125 A. a. O. 329.

126 Paul VI.: Marialis cultus, Nr. 35.

127 Vgl. R. Schimmelpfennig: Die Geschichte der Marienverehrung im deutschen Protestantismus, Paderborn 1952, 14 f. und 24 f.

128 Vgl. A. Fr. Chr. Vilmar: Praktische Erklärung des Neuen Testamentes, Gütersloh 1879, 35.

129 R. Frieling, Art.: Maria, III/1 Evangelisch, in: TRE 22 (1992), 140.

130 H. Wöller, Maria – wer bist du?, in: Anstöße 4/82, 122.

131 A. a. O. 123.

132 Vgl. K. Ware / E. Jungclaussen: Hinführung zum Herzensgebet, Freiburg 1982.

133 P. Sloterdijk geht in seinem Buch »Weltfremdheit« u. a. der Frage nach: »Wo sind Menschen, wenn sie Musik hören?« und kommt zu der Feststellung, »dass man beim Musikhören nie ganz in der Welt sein kann. Denn Hören im musikalischen Sinn heißt immer schon: entweder auf die Welt zugehen oder sie fliehen« (a. a. O. 307).

134 Vgl. K. Schreiner, a. a. O. 465 f.

135 A. a. O. 470.

136 W. Beinert: Die mariologischen Dogmen und ihre Entfaltung, in: HB der Marienkunde I, 338.

137 A. a. O. 339.

138 A. a. O. 340; vgl. E. Jüngel: Tod, Stuttgart 1971,73 ff.

139 I. Gebara / M. C. Luchetti-Bingemer: Maria, Mutter Gottes und Mutter der Armen, Düsseldorf 1988, 128.

140 A. Grün, Marienfeste, Münsterschwarzach 1987, 51.

141 I. Gebara / M. C. Luchetti-Bingemer, a. a. O. 128.

142 W. Beinert, a. a. O. 341.

143 A. Grün, a. a. O. 49.

144 K. Schreiner, a. a. O. 314.

145 Vgl. C. Mulack: Maria. Die geheime Göttin im Christentum, Stuttgart 1986, 219 ff. und P. Gyger: Maria - Tochter der Erde, Königin des Alls. Vision der neuen Schöpfung, München 2002, 82 f.

146 A. a. O. 237.

147 Vgl. A. Greely: Maria. Über die weibliche Dimension Gottes, Graz 1979, 179 ff.

148 G. Voss, a. a. O. 64.

149 M. Luther, WA 52, 681, 6–11

150 A. a. O. 681, 27–29

151 A. a. O. 681, 29–31

152 Vgl. Evangelisches Gutachten zur Dogmatisierung der leiblichen Himmelfahrt Mariens, München 1950, 21.

153 Vgl. R. Frieling: Art.: Maria/Marienfrömmigkeit, in: TRE 22 (1992), 140 f.

154 C. G. Jung, Gesammelte Werke, Bd. XI, Zürich 1963, 496.

155 A. a. O. 498.

156 Vgl. a. a. O. 497 f.

157 Vgl. K. Schreiner, a. a. O. 478.

158 M. Josuttis, Heiligung des Lebens, 202.

159 H.-M. Gutmann: Mit den Toten leben - eine evangelische Perspektive, Gütersloh 2002, 9.

160 M. Josuttis: Heiligung des Lebens, 267 f.

161 M. Luther, WA 35, 462.

162 B. Leube, Neue Wege mit Maria, in: Württembergische Blätter für Kirchenmusik 1/2005.

© Sieger Köder, Verkündigung. Kieler Altar (Ausschnitt).

Passionsaltar in Netze. Unbekannter Meister. Foto: Gerhard Jost.

Maria und Elisabeth. Initiale »D« des *Graduale Cisterciense* aus dem 14. Jahrhundert. Quelle: Badische Landesbibliothek Karlsruhe.

Thronende Isis mit Horuskind. Mittelägyptische Skulptur (4. Jahrhundert). Quelle: Bildarchiv Preußischer Kulturbesitz.

Notre Dame du monde entier. Tonplastik von Schwester Cathérine.
Foto: Gerhard Jost.

Madonna mit Kind und zwei Engeln. Filippo Lippi.
Quelle: akg-images / Erich Lessing.

Der Tod Mariä. Gemälde von Andrea Mantegna (1461).
Quelle: akg-images / Erich Lessing.

Zum Paul-Gerhardt-Jahr 2007

Udo Hahn

Fröhlich soll mein Herze springen

Das Paul-Gerhardt-Brevier

160 Seiten, Hardcover
inkl. Audio-CD
ISBN 978-3-374-02459-9

Woche für Woche begleitet dieses Brevier seine Nutzer mit den bekanntesten und beliebtesten Paul-Gerhardt-Liedern durch das Kirchenjahr. Ergänzt werden die Lieder durch einfühlsame, meditative Texte von Udo Hahn. Die dem Buch beigefügte CD enthält von Otto Sander rezitierte Gerhardt-Texte. Der weltberühmte Thomanerchor Leipzig bringt die schönsten Lieder des Dichters zu Gehör. Orgelimprovisationen von Torsten Laux lassen die Orgel der Nikolaikirche in Berlin erklingen, an der Paul Gerhardt neun Jahre lang tätig war. So entstand ein Brevier für alle Gottsucher der Moderne – ein Genuss für alle Sinne.

EVANGELISCHE VERLAGSANSTALT
Leipzig

www.eva-leipzig.de

Über die Auferstehung

Georg Magirius

Sein wie die Träumenden

Geschichten vom Aufstehen, Auferstehen und neuen Leben

160 Seiten, Hardcover

ISBN 978-3-374-02485-8

Mit dem Tod soll alles vorbei sein? Gott sei Dank nicht: Die Auferstehung gilt als zentrale und befreiende Botschaft des Christentums. Allerdings findet heute kaum noch jemand Worte für das, was stärker als der Tod ist.

Georg Magirius greift Auferstehungsbilder und Ostergeschichten aus der Bibel auf, um sie auf leichte Weise für unsere Alltagswelt neu zu erzählen. Eine lohnenswerte gedankliche Reise, bei der Sie schnell spüren werden: Die Auferstehung kann ihre Kraft mitten im Leben entfalten, aber auch dann, wenn wir sein werden wie die Träumenden ...

EVANGELISCHE VERLAGSANSTALT
Leipzig

www.eva-leipzig.de

Geschichten über die Liebe

Georg Magirius

... denn die Liebe ist von Gott

Liebesgeschichten aus der Bibel

160 Seiten mit zahlr. Illustr., Hardcover
ISBN 978-3-374-02298-4

Liebesgeschichten der Bibel – das sind Geschichten voller Gefühl und Geheimnis, Freundschaft und Verrat. Machen Sie sich gemeinsam mit dem Autor auf die Reise in den paradiesischen Ferienclub »Garten Eden«, in dem sich Adam und Eva die Zeit vertreiben oder besuchen Sie die Hochzeitsfeier von Hiob und seiner Frau, die sich im Beisein ihrer Gäste gerade dem beliebten Übereinstimmungsspiel unterziehen müssen.

Dem Autor gelingt es, biblische Geschichten mit Alltagssituationen unserer Gegenwart zu verknüpfen. Ein wunderbares Buch von den unterschiedlichsten Facetten der Liebe.

EVANGELISCHE VERLAGSANSTALT
Leipzig

www.eva-leipzig.de

Predigten für den Alltag

Eilert Herms
In Wahrheit leben
Predigten
424 Seiten, Paperback
ISBN 978-3-374-02368-1

Die Texte der Bibel bringen Grunderfahrungen des Menschen zur Sprache. Die Predigt über biblische Texte zeichnet diesen Erfahrungshorizont nach, bringt seine Weite, die Generationen, Zeiten und Orte verbindet, in Erinnerung und lädt dazu ein, auch sich selbst, ihre eigene Lebenserfahrung und Bildungsgeschichte in diesem Horizont wiederzuerkennen als individuelle Variation des Gemeinsamen. Dieses Predigtverständnis leitet die Beispiele dieser Sammlung. Sie wünscht sich, ihre Leser zu erbauen, und alle, die selbst zu predigen haben, zu ermutigen und anzuregen.

EVANGELISCHE VERLAGSANSTALT
Leipzig

www.eva-leipzig.de

Ein Stück Himmel auf Erden

Klaus Möllering (Hrsg.)

Wo mein Glaube zu Hause ist

Heimatkunde für Himmelssucher

304 Seiten mit zahlr. Abb., Paperback
ISBN 978-3-374-02362-2

Für jeden gibt es besondere Orte, zu denen man sich immer wieder hingezogen fühlt, geborgen in besonderen Erinnerungen, die sich mit diesem Platz verbinden. Auch der eigene Glaube lässt sich oft an solchen persönlichen Orten festmachen – ob als geistliche Heimat, als Zufluchts- oder Sehnsuchtsort.

Ob eine besondere Kirche oder Kapelle, der Gipfel eines Berges oder eine Kunsthalle – die Autorinnen und Autoren dieses Bandes nehmen Sie mit auf eine ganz persönliche und abwechslungsreiche Entdeckungstour, auf eine Heimatkunde mit Menschen, die ein Stück vom Himmel kennen gelernt haben.

EVANGELISCHE VERLAGSANSTALT
Leipzig

www.eva-leipzig.de